El Jardín de la Gracia de Dios

El Jardín de la Gracia de Dios

Cómo crecer en el fruto del Espíritu

Elizabeth George

PORTAVOZ

Título del original: *God's Garden of Grace* por Elizabeth George. © 1996 por Harvest House Publishers, Eugene, Oregon, 97402.

Edición en castellano: *El jardín de la gracia de Dios*. © 1999 por Editorial Portavoz, Grand Rapids, Michigan 49501. Todos los derechos reservados.

EDITORIAL PORTAVOZ
P. O. Box 2607
Grand Rapids, Michigan 49501 USA

Visítenos en: www.portavoz.com.

ISBN 978-0-8254-0533-4

1 2 3 4 5 edición/año 17 16 15 14 13

Impreso en los Estados Unidos de América
Printed in the United States of America

*Para mis padres
Henry y Ruth White,
cuyo hogar ha sido siempre
un jardín rico en virtudes.*

Índice

CAPÍTULO UNO

Preparación para un crecimiento mayor

*H*ace varios años cuando hablé en un retiro de mujeres en Belingham, Washington, pasé la noche en casa de una pareja afectuosa y agradable. Tras estacionar el coche en el garaje trasero de su casa, atravesamos el jardín del patio posterior y pasamos por un manzano exquisito. Siendo oriunda del sur de California, donde todo lo que conocemos son naranjos, comenté lo bello que estaba el árbol. Entonces mi anfitriona Jennifer comenzó a contarme la historia de su manzano.

Desde que se mudaron a su casa, el esposo de Jennifer, Tomás, ha cuidado de este magnífico árbol. Deseando gozar de las manzanas Golden Russet del árbol, Tomás ha trabajado laboriosamente para mejorar su producción. Tras realizar algunas investigaciones, él incluso injerta algunas ramas de su manzano Gravenstein más viejo así como varios retoños nuevos de un manzano Espartano. A lo largo de los años, Tomás ha nutrido, fertilizado, regado, podado, enderezado, vaporizado y protegido este árbol, y sus esfuerzos han rendido beneficios a medida que ha visto mejorar al árbol con el tiempo.

El rendimiento de este árbol es bastante increíble. Tomás ha reforzado las ramas para evitar que se rompan cuando están cargadas de manzanas. Luego, cuando el fruto madura, le toca el turno a Jennifer. Ella toma las tres clases de manzanas y las cocina, enlata, tritura, hace puré, seca, las corta en rodajas, en cuadrados y las congela. Lo que pueda hacerse con manzanas, ella lo hace. De hecho, como postre, la tarde que estuve allí, Jennifer sirvió rodajas de manzana seca, y cuando me despedí a la mañana siguiente me entregó una bolsa de plástico llena de manzanas secas para comer en el avión.

Cuando pienso en el árbol de esta pareja, no puedo dejar de preguntarme acerca del fruto en nuestra vida como cristianas. ¿Deberíamos prestar menos atención si somos fructíferas espiritualmente de la que Jennifer y Tomás prestan a su manzano? ¿No deberíamos cultivar activamente el fruto del Espíritu en nuestra vida a fin de reflejar la gloria de Dios y la belleza de Cristo? Pero ¿qué podemos hacer para hacer desarrollar tales gracias espirituales? ¿Qué pasos prácticos podemos dar para hacernos más semejantes a Cristo?

Comprender el fruto del Espíritu

Así como Tomás se informó mejor acerca del manzano y el fruto que da, necesitamos estudiar la Palabra de Dios para poder comprender mejor el fruto del Espíritu Santo y cómo crece. A lo largo de la Biblia, la palabra «fruto» se refiere a la evidencia de lo interno. Si lo que está dentro de una persona está podrido, el fruto de la vida de dicha persona también será malo. Cualquier persona que haya aceptado a Jesús como Señor y Salvador tiene a Cristo viviendo en su interior y debe dar buen fruto –los «frutos de justicia» (Fil. 1:11)– a medida que Dios brilla en esa vida.

El fruto del Espíritu ha sido descrito como «aquellas gentiles costumbres que el Espíritu Santo produce en el cristiano».[1] En Gálatas 5:22-23, el apóstol Pablo enumera dichas «gentiles costumbres», los dones de gracia: «El fruto del Espíritu es amor, gozo, paz, paciencia, benignidad, bondad, fe, mansedumbre [y] templanza.» Sin duda ha deseado que los atributos anteriores sean característicos de su vida, pero ¿cómo puede hacer que eso ocurra? *Quizá si lo intento con más esfuerzo...* –puede que esté pensando. Pero Jesús enseña y da ejemplo de que tal esfuerzo individualizado, realizado por usted misma, no es la respuesta. Por el contrario, es fascinante (y ¡reconfortante!) darse cuenta de que el fruto del Espíritu puede producirse en nuestra vida del mismo modo en que se produjo en la vida de Jesús. Disfrutaremos de la cosecha de espiritualidad de Gálatas 5 y creceremos en el jardín de la gracia de Dios cuando nos rindamos ante Él y permitamos que su Espíritu obre en nosotras.

A medida que usted y yo atravesamos el jardín de la gracia no nos fijaremos solamente en la belleza y la abundancia del jardín de Dios, sino también en cada gracia individual en que consiste el jardín. Consideraremos cada gracia por separado, pero no debemos olvidar que todas ellas van juntas. Todas las nueve manifestaciones del Espíritu: amor, gozo, paz, paciencia, benignidad, bondad, fe, mansedumbre, [y] templanza (Gá. 5:22-23), forman el fruto del Espíritu. Son como el cordón de las luces de Navidad: hay un cordón con muchas luces, que cuando se conectan a un enchufe eléctrico, se encienden todas a la vez. Sin embargo, si una bombilla se apaga, el cordón entero se apaga también. Así nace el fruto de Dios en nuestra vida. Ninguno de ellos puede faltar, y todos deben ser evidentes para ser fruto de Dios.

También necesitamos recordar que puesto que las gracias mencionadas componen el fruto del Espíritu, ellas nacen en nuestra vida de la misma forma. Son como un reloj con muchas piezas. Un reloj se puede desmontar para limpiarlo y repararlo, pero cada pieza debe estar en su lugar para que el reloj funcione. En nuestro estudio usted y yo analizaremos minuciosamente cada aspecto del fruto del Espíritu, y luego veremos cómo el fruto funciona en conjunto para formar una unidad. Como unidad, todas estas características se producen del mismo modo. Todo lo que se dice de una característica es cierto de las ocho restantes. Son uno y el mismo fruto, entretejidos y relacionados unos con otros, producidos a medida que miramos a Dios. Todos y cada uno de ellos requieren las mismas decisiones, la misma entrega y el cultivo para mostrar la gracia del Espíritu en nosotros y para dar mucho fruto.

Este libro trata de cómo cultivar el fruto del Espíritu. Usted y yo podemos crecer en el jardín de la gracia de Dios y dar mucho fruto a medida que rendimos nuestra vida a la dirección de Dios y buscamos seguir el ejemplo de santidad de Jesús (1 P. 2:21). Cuando examinamos cada fruto del Espíritu, también nos fijaremos en Jesús para ver cómo se expresaba en su vida al vivir bajo la atención diligente del Hortelano, siguiendo el ejemplo real de su Hijo, y rindiéndonos a la obra transformadora del Espíritu, verdaderamente daremos fruto que glorifique a nuestro Señor y Creador.

Comprender los problemas

Antes de comenzar, haríamos bien en reconocer las varias «malezas» que encontraremos en el jardín. En primer lugar, el legalismo es un problema para nosotros los cristianos ahora tal como lo fue para los creyentes de la época de Pablo. El legalismo es el mantener minuciosamente un conjunto de reglas que excede lo que está escrito en las Escrituras (1 Co. 4:6). De hecho, Pablo escribió a los gálatas porque algunos falsos maestros (denominados judaizantes) estaban enseñando que, a pesar de su fe en Cristo, debían seguir las leyes del Antiguo Testamento. Dicha enseñanza era contraria a todo lo que Jesús enseñó y a la verdad fundamental de que las personas se acercan a Dios sólo mediante la fe. También fomentaron una forma desagradable de legalismo y religión basada estrictamente en las obras. Por lo tanto, Pablo exhortó a los creyentes a que permitieran que el Espíritu de Dios cumpliera la ley por y mediante ellos. Si solamente trataban de andar «en el Espíritu» (Gá. 5:16, 25), estarían sometiéndose a la ley de una forma natural y bella.

Otro problema que tenemos en común con los creyentes de Galacia es uno que enfrentaremos hasta el día que muramos, se trata del conflicto entre la carne y el Espíritu que da comienzo en el instante en que depositamos nuestra fe en Jesucristo. Pablo escribe: «Porque el deseo de la carne es contra el Espíritu, y el del Espíritu es contra la carne; y éstos se oponen entre sí, para que no hagáis lo que quisiereis» (Gá. 5:17). Esas ocupaciones carnales tienen como resultado «obras de la carne» (5:19), pecados y vicios que Pablo enumera en Gálatas 5:19-21: «adulterio, fornicación, inmundicia, lascivia, idolatría, hechicerías, enemistades, pleitos, celos, iras, contiendas, disensiones, herejías, envidias, homicidios, borracheras, orgías, y cosas semejantes a estas.»

¿Qué debilidades son evidentes en su vida? Pida a Dios que la ayude a reconocer sus tendencias y obras carnales orando con las palabras de David: «Examíname, oh Dios, y conoce mi corazón; pruébame y conoce mis pensamientos; y ve si hay en mí camino de perversidad» (Sal. 139:23-24). Confiese lo que Dios le revele de usted misma y sométase de nuevo al poder transformador de su Espíritu. Eso es lo que es estar en el jardín de la gracia de Dios.

Comprender el llamado a andar en el Espíritu

Justo después de la desagradable lista de pecados, Pablo prosigue al fruto del Espíritu (Gá. 5:22). En un agudo contraste con las obras de la carne, Pablo pinta un cuadro precioso del fruto que el Espíritu Santo produce en nuestra vida si andamos en el Espíritu. Cuando usted y yo andamos en el Espíritu, Pablo nos enseña «no satisfagáis los deseos de la carne» (5:16) y podemos obtener la victoria sobre el pecado. Pero ¿cómo exactamente andamos en el Espíritu los cristianos?

En términos sencillos, andar en el Espíritu significa vivir cada momento en sometimiento a Dios. Andar en el Espíritu significa tratar de agradarle con los pensamientos que optamos pensar, las palabras que optamos emitir, y las acciones que optamos tomar. Y andar en el Espíritu significa dejar que nos guíe, conforme y transforme a cada paso del camino. Es dejarle obrar en nuestro interior para que podamos darle gloria a Dios.

Comprender la santidad

Aunque se dan sugerencias prácticas para cultivar el fruto del Espíritu en nuestra vida a lo largo de este libro, no debemos jamás perder de vista el hecho de que la Biblia enseña claramente: «No hay quien haga lo bueno, no hay ni siquiera uno» (Ro. 3:12). Pablo mismo se lamentaba: «Y yo sé que en mí, esto es, en mi carne, no mora el bien» (Ro. 7:18). Solamente cuando pedimos a Dios gracia para andar en su

Espíritu podemos reflejar a Cristo en nuestra vida, y Dios nos da esta gracia si permanecemos en Cristo.

En la alegoría elocuente de Juan 15, Jesús dice: «Yo soy la vid» y exhorta a sus discípulos –entonces y ahora– «permaneced en mí» (v. 4). Sólo permaneciendo en Él pueden dar fruto los seguidores de Jesús (vv. 2, 4, 5). Esta llamado llega mientras Jesús da sus últimas instrucciones a su pequeño rebaño; palabras respecto a su muerte, palabras de consuelo y advertencia, palabras de paz y de oración. Él explica que aunque no esté presente, ellos seguirán teniendo comunión con Él si «permanecen» en Él. La misma oportunidad existe para usted y para mí ahora. Para dar fruto para el reino de Dios debemos permanecer en Cristo. Tal «permanencia» ha sido definida como «comunión continua con el Señor»,[2] «permanecer en su compañía y sujetarnos a su voluntad»,[3] y mantener «el contacto con Jesús... un contacto constante».[4]

¿Qué podemos hacer para mantener constante nuestro contacto con Jesús? ¿Qué podemos hacer para permanecer en nuestro Señor? ¿Qué podemos hacer para permanecer cerca a Dios y morar en Él como Él mora en nosotros? ¿Qué podemos hacer usted y yo para participar más plenamente de su vida y su presencia en nuestra vida? Piense en los siguientes pasos prácticos que podemos tomar para profundizar en nuestro compañerismo con Jesús.

Dedicar tiempo en la Palabra de Dios es uno de los pasos que podemos y deberíamos dar cada día para permanecer en Cristo. El doctor Everett F. Harrison escribe: «La permanencia no puede mantenerse alejada de otorgarle a las palabras de Cristo una posición reinante en el corazón (cp. Col. 3:16). Se le honra cuando se honra a su Palabra.»[5] Así que tenemos que ser diligentes en dedicar tiempo a la Palabra de Dios. ¿Leemos, estudiamos y meditamos con regularidad? ¿Lo suficiente? ¿Cada día? ¿Es el tiempo que dedicamos a la Palabra de Dios fructífero y significativo o estamos sencillamente haciéndolo porque hay que hacerlo? Dado que la Palabra de Dios revela «los pensamientos de su corazón por todas las generaciones» (Sal. 33:11*b*), podemos tener una dulce comunión con Él cuando leemos las Escrituras. Además, no existe ningún otro modo de conocer sus pensamientos, sus caminos o su corazón. Pidamos a Dios que nos dé un apetito insaciable de compañerismo con Él a través de su Palabra. ¡Un apetito que nada lo pueda satisfacer!

Dedicar tiempo a la oración es otro acto de adoración mediante el cual podemos tener comunión con Cristo y permanecer en Él. EL doctor Harrison señala que Cristo «honra su Palabra cuando los santos acuden clamando sus promesas mediante la oración»,[6] y un santo antiguo declara simplemente: «Una vida sin oración significa una vida sin Cristo, sin fe, sin obras, sin constancia.»[7] Y como otro creyente ha observado: «Ninguna bendición en la vida cristiana se convierte en una posesión continua a menos que seamos hombres y mujeres de oración regular, diaria, sin prisas, ni demoras secretas.»[8]

¿Nos describiría un observador ajeno a usted o a mí como una persona de «oración regular, diaria, sin prisas, ni demoras secretas»? ¿Es la oración un eslabón vital entre Dios y nosotras? ¿Tratamos de conocer mejor a Dios, su corazón y sus propósitos a través de la santa comunión de la oración? Si usted y yo hemos de permanecer en Cristo, debemos hacer todo lo que podamos para mejorar nuestra vida de oración.

Obedecer los mandamientos de Dios mejora también nuestra permanencia en Cristo. Dado que el pecado distorsiona nuestro compañerismo con Dios (Sal. 66:18; Is. 59:2), nuestra oración al despertar cada mañana debería ser para tomar decisiones que lo honren a Él y a su Palabra. En Juan 15:10, Jesús enseña que tal obediencia era una parte fundamental de su constante comunión con el Padre: «Si guardareis mis mandamientos, permaneceréis en mi amor, así como yo he guardado los mandamientos de mi Padre, y permanezco en su amor.» Al guardar los mandamientos de su Padre, Jesús permaneció cerca de su Padre y nos dio de ese modo un ejemplo de obediencia a nuestro Padre.

Si caminamos en el Espíritu –permaneciendo en Cristo y obedeciendo los mandamientos de Dios– el Espíritu Santo producirá su fruto en nuestra vida. El teólogo John F. MacArthur comenta acerca de esta paradoja de la vida cristiana: «Aunque se nos manda que mostremos fruto espiritual, éste no se puede producir sin rendirse ante el Espíritu Santo.»[9] El fruto resultante en nuestra vida a consecuencia de nuestra obediencia es evidencia de la obra del Espíritu en nosotros. No podemos hacer absolutamente nada por nuestra cuenta para dar dicho fruto. Pero a medida que la voluntad de Dios se convierte en nuestro mayor objetivo, nuestra vida falta de lustre será transformada por el Espíritu Santo en un jardín de la gracia que señala al mundo la manera cómo acudir a Él.

Renovar nuestro compromiso con Cristo parece lo adecuado a medida que comenzamos a prepararnos para un crecimiento mayor. Ante que algo pueda crecer debe tener vida. Usted y yo necesitamos hacernos a nosotras mismas una sencilla pregunta: ¿Estoy viva espiritualmente?

En la carta a los romanos, Pablo enseña que «todos pecaron» (Ro. 3:23), que «la paga del pecado es muerte» (6:23), y que «Dios muestra su amor para con nosotros, en que siendo aún pecadores, Cristo murió por nosotros» (5:8). Jesucristo cargó con nuestro pecado y murió en nuestro lugar. ¿Ha aceptado esta maravillosa y verdad y ha hecho a Jesucristo el Salvador y Señor de su vida? Pablo nos indica: «Si confesares con tu boca que Jesús es el Señor, y creyeres en tu corazón que Dios le levantó de los muertos, serás salvo» (Ro. 10:9). Antes de poder experimentar cualquier crecimiento espiritual, esta semilla de fe en Cristo debe enraizarse en su corazón y en su vida.

Por lo tanto, ¿está viva? Sólo son posibles tres respuestas: «Sí», «no», y «no estoy segura». Si contestó «no» –si no ha aceptado a Jesús como Señor y Salvador– puede comenzar a andar en el sendero de la piedad ahora mismo si ora de todo corazón las siguientes palabras:

> Jesucristo, sé que soy una pecadora, pero quiero arrepentirme de mis pecados, volverme hacia ti y seguirte. Creo que moriste por mis pecados y que resucitaste victorioso sobre el poder del pecado y de la muerte. Deseo aceptarte como mi Salvador personal. Entra en mi vida, Señor Jesús, y ayúdame a obedecerte de hoy en adelante.

Si no está segura si la semilla de la fe se encuentra arraigada en su corazón, es posible que quiera decir una oración de rededicación. Podría orar:

> Jesucristo, se que en el pasado te pedí que entraras en mi vida. Pensé que era tu hija, pero mi vida no ha mostrado el fruto de lo que creo. Al escuchar de nuevo tu llamado, quiero en realidad entregarme a ti como Señor y Dueño de mi vida.

Quizá la siguiente oración se ajuste mejor a sus circunstancias:

> Amado Señor Jesucristo, sé que en el pasado te pedí que entraras a mi vida. Quiero ser tu hija, y pienso y espero que lo soy, pero quiero estar segura de que lo soy. Señor, dame la seguridad de que tengo vida eterna por medio de tu muerte en la cruz por mis pecados (1 Jn. 5:13).

Si no está segura de dónde está con Dios, dígaselo en una oración muy personal. Después de todo, Él la ama, conoce su corazón y quiere estar en estrecho compañerismo con usted.

Si contestó –o puede hacerlo ahora mismo–: «Sí, sé que vivo en Cristo ahora y siempre», dedique unos minutos para darle las gracias a Dios y alabarlo por todo lo que Jesús ha hecho por usted. Comprométase de nuevo a caminar por el sendero de mayor crecimiento en la gracia de Dios. La siguiente letra de un canto pudiera ayudarla a adorar:

Pagaste un precio demasiado alto por mí:

> Tus lágrimas, tu sangre, tu dolor,
> Para hacer que mi alma sólo se conmueva de vez
>   en cuando,
> Sin cambiar verdaderamente.
> Tú mereces un amor ardiente que no ignore tu
>   sacrificio,
> Porque pagaste un precio demasiado alto.[10]

Es el ruego de mi corazón –para mí misma y para usted– que Dios use este libro para animarnos a crecer en la gracia de Dios y que «cambiemos de verdad». Que nos sintamos conmovidas a entregarnos por completo a Cristo, tratando sólo de seguirle y crecer en piedad para que otros puedan ver en nosotras el resplandor del Salvador. Después de todo, «el mundo está por ver lo que Dios puede hacer por medio de un hombre (o una mujer) que plena y completamente se consagra a Él».[11]

SECCIÓN I

Cómo crecer en las actitudes de gracia

CAPÍTULO DOS

Buscar amor en Dios

«*El fruto del Espíritu es amor.*»
Gálatas 5:22

El 11 de junio de 1994, la menor de nuestras hijas, Courtney, se casó con Paul Seitz en una preciosa ceremonia en nuestra iglesia. Sentada en el primer banco de la iglesia al ser madre de la novia, por primera vez quedé admirada con las vistas y los sonidos que llenaban la capilla. Eran el resultado de un remolino de actividad por parte de las familias de la novia y del novio y de sus respectivos amigos. Los ramos de rosas blancas y la hiedra habían sido colocados por una de las amigas de la universidad de Courtney. Un amigo de la familia tomaba las fotos. Mis compañeros del coro ayudaban con la música; un preludio de himnos tocados al órgano, campanadas a las dos en punto de la tarde y una trompeta para anunciar la entrada de Courtney. Amigos de toda la vida habían decorado la parte delantera de la plataforma con follaje verde, las flores blancas y los bordes de hiedra del jardín de sus casas. ¡El escenario era perfecto!

Uno de los mayores placeres para mí ese día fue contar con muchos miembros de la familia en la boda. En un lado estaban mis tres hermanos y sus respectivas esposas, mis padres y mi suegra. Al otro lado estaban la madre de Paul y una cuñada. Paul estaba de pie en la parte delantera de la iglesia con su padre, dos hermanos y su cuñado. Le di las gracias a Dios por la bendición de una familia solícita que quería participar con Courtney y Paul de este especial acontecimiento.

Todo el día me sentí como si fuera la protagonista de una obra de teatro escolar. Tenía un papel que desempeñar y ajetreadamente fui cumpliendo con mis tareas, hasta que la hija mayor de mi hermano, Katherine, marchó pasillo abajo. Ella era la última de las damas de la novia, la dama de honor de su hermana. ¡De repente la boda y las emociones acompañantes se hicieron muy reales!

Entonces oí la trompeta anunciando la llegada de Courtney. Me puse de pie y me volví para ver a la entrada de la iglesia a mi encantados esposo con una Courtney radiante y llena de confianza tomada de su brazo. El momento que todos habíamos planeado durante tanto tiempo había llegado. Los ojos de Jim estaban humedecidos al escoltar a su hija, y Courtney se veía fuerte y majestuosa en el vestido de novia clásico que la madre de Paul le había hecho con mucho cariño. Mientras los dos lentamente marchaban pasillo abajo, pensé sobre el hecho de que a Paul y a Courtney les quedaba por delante toda una vida nueva.

Este era el momento para la ceremonia, el momento de importancia eterna para el que el ajetreo sólo servía de un preludio humilde. Como ministro ordenado, Jim ofició la ceremonia y presidió los juramentos como nadie más podría hacerlo. Con la autoridad de un ministro y el amor de padre, ordenó a la joven pareja realizar un compromiso sobrio ante Dios y ante todas las personas allí reunidas, de amarse el uno al otro durante el resto de sus vidas. Mientras yo lloriqueaba, escuché a Jim hacerles el llamamiento a Courtney y a su flamante esposo a amarse el uno al otro con el amor de Cristo.

Sí –pensé– *de esto es de lo que quiere Dios que se trate esta boda y toda la vida: del amor cristiano.* Su diseño requiere de una novia y un novio que se amen para convertirse en marido y mujer que se aman, y en su momento, padres y abuelos que aman. Él quiere ver su amor reflejado entre hermanos y hermanas que se aman, tíos y tías que se aman, familias que se aman y amigos que se aman. De nuevo le di las gracias a Dios por las muchas evidencias de su amor que tenía delante de mis ojos y que llenaban mi vida en ese día especial.

Aprender sobre el amor

No podemos leer mucho de la Biblia sin darnos cuenta de que el amor es importante para Dios. Él nos manda que andemos en amor (Ef. 5:2, que nos amemos los unos a los otros (Jn. 15:12), que amemos a nuestro esposo y a nuestros hijos (Tit. 2:4), que amemos a nuestro prójimo (Mt. 22:39), y que amemos a nuestros enemigos (Lc. 6:27). Las Escrituras también nos enseñan que «Dios es amor» (1 Jn. 4:8) y que su Hijo Jesucristo nos amó y «se entregó a sí mismo por nosotros [como] ofrenda» (Ef. 5:2). También podemos observar la supremacía del amor cuando Pablo lo coloca al principio de la lista de los frutos del Espíritu (Gá. 5:22).

Como hijas de Dios, a usted y a mí se nos manda que mostremos la clase de amor que vemos en el ejemplo de nuestro Padre celestial y de su Hijo. Jesús dice claramente: «Este es mi mandamiento: Que os améis unos a otros, como yo os he amado» (Jn. 15:12). ¿De qué modo nos ha amado Jesús? ¿Qué clase de amor se supone que debemos dar a los demás? Hallamos las respuestas a dichas preguntas cuando vamos a Dios y su Palabra. Después de todo, Dios es amor y Él es la fuente de todo el amor, por lo tanto, tiene sentido fijarnos en las Escrituras para aprender lo que Él dice sobre el amor. Mientras lo hacía, descubrí cinco principios básicos que nos ayudan a comprender el amor cristiano.

Primer principio: El amor es un acto de la voluntad. Cada fruto del Espíritu requiere decisiones, y el amor no es la excepción. Es difícil amar bajo circunstancias difíciles, sin embargo así es como se vive la mayor parte de la vida. No sé usted, pero yo necesito amor, especialmente cuando estoy cansada, sufro de cualquier modo, me duele algo o me siento agobiada. En momentos difíciles como los anteriores, yo tampoco me siento con ánimos de amar a otras personas. Es entonces cuando –según estoy aprendiendo– necesitamos activar la voluntad si vamos a llevar a cabo acciones de amor. El comentarista William Barclay señala que el amor «es... un sentimiento de la mente al igual que del corazón; tiene que ver tanto con la voluntad como con los afectos. Describe el esfuerzo deliberado que podemos realizar con la ayuda de

Dios...»[1] El amor cristiano es un acto de la voluntad que «necesita ser cultivado de manera específica».[2]

El tipo de amor del que Cristo nos dio ejemplo requiere decisiones deliberadas y un esfuerzo consciente. Su amor en nosotras es lo que nos permite dar en lugar de retener; de extendernos cuando nos sentimos cansadas y deseamos descansar; servir cuando queremos que nos sirvan; y ayudar a otras personas cuando estamos sufriendo. Con razón escribió el doctor George Sweeting: «El amor es trabajo. Requiere tanto un esfuerzo consciente como inconsciente. Requiere un compromiso continuo, las 24 horas del día.»[3] Esta clase de amor, por supuesto, procede solamente de Dios, por eso necesitamos de su gracia para poder ofrecerlo.

Piense en los actos de la voluntad tras el amor de Dios y de Jesús revelados en la Biblia: «de tal manera amó Dios al mundo, que ha dado a su Hijo unigénito» (Jn. 3:16); «el Hijo del Hombre no vino para ser servido, sino para servir, y para dar su vida» (Mt. 20:28); y Jesús «afirmó su rostro para ir a Jerusalén» (Lc. 9:51) donde moriría por nosotros. Dar, servir, dirigirse a Jerusalén, morir en la cruz: dichos actos de amor son actos de la voluntad, no gestos surgidos y respaldados por simples emociones. Es Dios quien nos da la voluntad de amar y la capacidad de actuar de acuerdo con nuestras decisiones de amar de la forma que Él nos pide que amemos. ¿Mirará hacia Él para que la llene de la clase de amor que dio, sirvió y murió al ego, la clase de amor de la que nuestro Salvador dio ejemplo?

Segundo principio: El amor es acción, no sólo palabras. Arraigado en nuestra voluntad más que en nuestras emociones, el amor es algo que hacemos, no solamente palabras que pronunciamos. Sin embargo, poner en práctica nuestro amor no siempre resulta fácil, como sabe una esposa que llega a la entrada de la casa a las cinco y treinta de la tarde, seguida poco después por su esposo. Los dos han realizado una jornada larga en la oficina, así que ¿quién va a preparar la comida, lavar los platos y lavar la ropa? El amor significa que, aun cuando nos sentimos agotadas y sólo tenemos ganas de sentarnos sin hacer nada, cocinamos, servimos y lavamos. El amor tiene trabajo que realizar, y el amor lleva a cabo dicho trabajo –el amor entra en acción– incluso cuando hacerlo requiere un esfuerzo activo. Nuestras acciones –en respaldo a nuestras palabras– son la evidencia de nuestro amor. Por eso hemos sido llamadas a que «no amemos de palabra ni de lengua, sino de hecho y en verdad» (1 Jn. 3:18). Estoy segura de que Courtney está descubriendo continuamente lo que las palabras de su promesa de matrimonio significan a medida que las vive mediante las obras de amor que realiza por Paul, con la ayuda de Dios. También estoy segura de que está aprendiendo a mirar hacia Dios para que Él le permita extender a su esposo (y a las demás personas en su vida) este tipo de amor dispuesto al servicio.

¿Dónde la ha colocado Dios para que muestre amor mediante sus acciones? Usando una frase de Edith Schaeffer, autora, esposa, madre, ama de hogar y abuela: ¿A quién puedes demostrarle amor «en las circunstancias diarias y comunes de la vida»?[4] Todos los miembros de la familia le proporcionan una oportunidad de poner en acción el vestido del amor y servir. Si va diariamente al trabajo, el amor tiene que obrar allí también. Si vive con compañeras de cuarto, súbase las mangas y anímese a usted misma a hacer las obras de amor. En su vecindario, sus actividades voluntarias, su iglesia, sus lugares de recreo, debe mostrar el amor de Dios, y no solamente palabras y actitudes sino acciones. El Espíritu de Dios, que está obrando en usted, hará que el fruto glorioso del amor florezca en su vida para que verdaderamente pueda realizar la obra de amor de Dios.

Tercer principio: El amor se extiende a lo desagradable. Es fácil amar a personas agradables, a cristianos maduros, a personas que dan las «¡Gracias!» cuando usted hace algo bueno. Es fácil amar a lo agradable; es mucho más difícil amar a lo desagradable. Las personas que son duras, aborrecibles o ingratas son un tremendo reto para mí a la hora de amarlos.

Lo que Jesús nos pide exactamente que hagamos es que los amemos. En el Sermón del Monte, Él escandalizó a su auditorio al decirles: «Oísteis que fue dicho: Amarás a tu prójimo, y aborrecerás a tu enemigo. Pero yo os digo: Amad a vuestros enemigos, bendecid a los que os maldicen, haced bien a los que os aborrecen, y orad por los que os ultrajan y persiguen; para que seáis hijos de vuestro Padre que está en los cielos, que hace salir su sol sobre malos y buenos, y que hace llover sobre justos e injustos» (Mt. 5:43-45). Jesús más tarde recordó a sus oyentes que cualquiera –incluso los que no creen en Dios ni siguen a Cristo– pueden amar a las personas agradables. «Si amáis a los que os aman, ¿qué recompensa tendréis? ¿No hacen también lo mismo los publicanos? Y si saludáis a vuestros hermanos solamente, ¿qué hacéis de más? ¿No hacen también así los gentiles?» (vv. 46-47). En una narración paralela en el Evangelio según San Lucas, Jesús dice: «Porque si amáis a los que os aman, ¿qué mérito tenéis? Porque también los pecadores aman a los que los aman» (6:32-33).

Con esta clase de amor de Dios es que nos pide que amemos a las personas desagradables. El mismo amor con que Él nos ama a cada una de nosotras. El amor de Dios nunca se merece, sencillamente está ahí. Y ese es el tipo de amor que debemos extendernos los unos a los otros, tanto a enemigos como a amigos, a personas desagradables como a las agradables. Cuando el Espíritu obra en nuestra vida, éste nos permite hacer lo que Jesús nos manda que hagamos: «Amad, pues, a vuestros enemigos, y haced bien, y prestad, no esperando de ello nada; y será vuestro galardón grande, y seréis hijos del Altísimo; porque él es benigno para con los ingratos y los malos» (Lc. 6:35).

¿Qué persona de su circulo entra en la categoría de «desagradable»? ¿Quién es irritante, molesto, ingrato, o incluso malvado e injusto? ¿Quién le hace la vida difícil y le provoca desventura y dolor de corazón? Cada una de estas personas debe ser el objeto de su amor. Después de todo, como el autor Jerry Bridges señala: «Admitir que hay alguien a quien no amo es decirle a Dios: No te amo lo suficiente como para amar a esa persona.»[5] Por medio de su Espíritu, Dios nos proporciona la gracia que necesitamos para extender su amor a las personas necesitadas con las que entramos en contacto. Mediante su Espíritu, Dios nos permite amar como Él ama: a todos, en todo momento y sin condiciones.

Cuarto principio: Necesitamos que Dios nos ayude a amar. Al igual que necesitamos la ayuda de Dios para cada parte del fruto del Espíritu, dependemos de Dios para amar. En el Sermón del Monte, Jesús observó que es bastante natural amar a quienes nos aman, pero que transciende las leyes de la naturaleza el amar a quienes nos odian. Dejadas a nuestras tendencias naturales, odiaríamos a nuestros enemigos. Pero Cristo nos hace un llamamiento a que amemos a nuestros enemigos al permitir que Dios ame a través de nosotras cuando no lo podemos hacer por nuestra cuenta.

William Barclay escribe: «[Amar] significa que no importa lo que un hombre pueda hacernos en forma de insulto, daño o humillación, no desearemos otra cosa que lo mejor para él... nunca... desearemos otra cosa que no sea lo mejor, incluso para aquellas personas que nos desean lo peor.»[6] Claramente, necesitamos que Dios nos ayude a amar a quienes nos odian. Cuando amamos a las personas desagradables con el amor de Dios, nos convertimos en un testimonio de lo que Él puede hacer en la vida de cualquier persona. Nuestra vida lleva la marca de Dios porque solamente Él puede permitirnos servir a la misma persona que nos insulta, nos humilla o nos hace daño. De hecho, tal daño nos hace depender mucho más de Dios a medida que tratamos de obedecer sus mandamientos y amar a las personas desagradables.

Hace poco leí sobre el Obispo Whipple de Minnesota, un misionero conocido como «El apóstol de los indios». Al hablar acerca de la labor de su vida, dijo que durante 30 años trató solamente de ver el rostro de Cristo en los rostros de los indios a quienes ministraba, amarlos por causa de Cristo.[7] ¿Ve usted el rostro de Cristo en los rostros de las personas difíciles, ingratas, poco amables de la rodean? Si puede ver a Jesús en la persona que le hace daño, podrá –mediante el poder del Espíritu Santo– brindarle el amor de Dios a esa persona (Ro. 5:25). El amor de Dios está ahí para que lo mostremos, y nosotras que seguimos a Cristo necesitamos recordar que aquellas personas a las que resulta más difícil amar son las que más lo necesitan.

Quinto principio: El amor no espera nada a cambio. Cuando somos agradables con alguien, esperamos que esa persona sea agradable con nosotras. Cuando actuamos cariñosamente hacia alguna persona, esperamos ser correspondidas de la misma manera. Pero cuando Él nos pide que amemos a nuestros enemigos y que les hagamos bien, Jesús nos dice que lo hagamos «no esperando de ello nada» (Lc. 6:35). Cuando amamos como Dios ama, como Él somos benignos «para con los ingratos y malos» (Lc. 6:35), hallamos que necesitamos amar sin pensar en ningún tipo de recompensa personal. Podemos, sin embargo, pedir a Dios que tales personas necesitadas se conmuevan con nuestro amor cristiano y amen a nuestro Padre celestial.

Y como me revela una pregunta que a menudo me hacen las esposas, podemos encontrar a esa persona ingrata en nuestro propio hogar. «Liz –me dicen–, he estado sirviendo a mi esposo, pero él no hace nada a cambio. Hago todo lo que puedo para mostrarle que le amo, pero me siento poco apreciada y hasta usada. ¿Debería dejar de esforzarme en servirle?» A la mejor usted ha tenido sentimientos similares. ¿Qué debe hacer una esposa en una situación semejante?

Incluso, o especialmente, en nuestro hogar necesitamos que el Espíritu de Dios obre en nosotras si hemos de amar verdaderamente como Cristo quisiera que lo hiciéramos. Nos ayuda recordar que Dios es benigno para con los hombres ingratos (Lc. 6:35). Y no olvide que es el tipo de amor que Dios nos ofrece en Jesucristo (Ro. 5:8, 10). Por lo tanto, cuando servimos a nuestros esposos (o a quien sea), hemos de servirles sencillamente porque Dios vive en nuestro interior y quiere que manifestemos su amor a todas las personas por medio de nosotras (Ro. 5:5).

Hemos de amar y servir como si la persona ante nosotras fuese Jesús mismo. En Juan 13:34, Jesús mismo dijo: «Un mandamiento nuevo os doy: Que os améis unos a otros; como yo os he amado.» ¿No es esto lo que Efesios 5:22 significa? «Las casadas estén sujetas a sus propios maridos, como al Señor.»[8]

En el mismo pasaje, se llama a los esposos a que amen a sus esposas «así como Cristo amó a la iglesia, y se entregó a sí mismo por ella» (v. 25). El amor que la Biblia nos dice que extendamos en nuestro matrimonio, nuestro hogar, nuestro vecindario, nuestra iglesia y el mundo en general, no es egoísta. No espera nada personal a cambio. Su única intención es amar como Jesús amó, orando que otros respondan al mensaje de amor de Dios.

Definición del amor

Como los cinco principios anteriores del amor bíblico revelan, el amor es el sacrificio del ego. Esta sencilla definición parece cristalizar todo lo que la Biblia enseña sobre el amor. El doctor John MacArthur explica: «El amor no es una emoción. Es un acto de autosacrificio. No es necesariamente tener sentimientos amorosos hacia una persona en particular. Puede no tener ninguna relación con la emoción (Ro. 5:8). Dios siempre define el amor bíblico en términos de autosacrificio.»[9] Puesto que el amor es el sacrificio del ego, implica esfuerzo, no sencillamente emociones. Exige acción, no sólo sentimientos. Es algo que hacemos, no algo que solamente sentimos o decimos.

No me olvidaré de cuando aprendí, siendo una madre joven, que el amor requiere sacrificio. Katherine, nuestra primera hija, era el sueño de cualquier madre. Sonreía y era sensible. Le encantaba la gente y que la tomaran en brazos. Dado que era tan fácil de cuidar y tan divertido estar con ella, la llevábamos dondequiera que íbamos. Pero Courtney, nuestra segunda hija, tuvo cólico desde el primer día. Durante los primeros seis meses de su pequeña vida, gritaba y se retorcía del dolor. Con la cara roja e incómoda, era completamente indiferente a cualquier acto de amor por nuestra parte. ¡No era fácil vivir con ella bajo el mismo techo!

Courtney en realidad fue un reto para mí. Seguí cuidándola, amándola, realizando todas las acciones que una madre amorosa podía hacer: alimentarla, abrazarla, mecerla y bañarla mientras ella luchaba y gritaba. No sólo eran largos nuestros días, sino también nuestras noches. Courtney se quedaba dormida –y por lo tanto nosotros– sólo como resultado de su agotamiento. Yo ciertamente no sentía amor hacia ella, pero –por la gracia de Dios– le di amor. Fue una época en que tuve que sacrificar el ego, elegir las obras de amor y dar amor a una bebé no muy agradable sin recibir nada positivo a cambio. Luego, un día Courtney se relajó y sonrió, y ha sido estupenda desde entonces. Con el fin del cólico y el cambio de conducta de Courtney, seguí amándola del modo sacrificado de una madre tal como lo había hecho antes, pero el sacrificio entonces resultaba mejor recompensado.

¿Cómo usted y yo amamos de forma sacrificada? Cuando acudimos en oración al Señor, Él nos lo mostrará. Nos ayudará a ver en qué tendemos a ser egoístas y dónde le gustaría a Él que amásemos más sacrificadamente. Nos recordará que hemos de obedecer a Dios y hemos de amarnos los unos a los otros incluso cuando no tenemos deseos de hacerlo. Él nos ayudará a reconocer las oportunidades para ir más allá de hablar palabras de amor a realizar obras de amor. En la medida en que miremos hacia el Espíritu de Dios para que nos dé la fuerza para ofrecer este amor sacrificial, podremos orar con San Francisco de Asís: «Divino Maestro, concédeme que no busque tanto ser amado... como amar.»

Cómo demostrar el amor

Como cristiana, veo mi llamamiento a demostrar el amor como una asignación por parte de Dios para amar a cualquier y a todas las personas que Él elija poner en mi camino. Esta idea me vino a la mente como resultado de algo que hago en mi casa todos los días. Permítame que le explique.

Al lado de la puerta de entrada de mi casa he plantado algunas flores. Lo primero que veo cada mañana cuando abro la puerta para ir a dar mi paseo son esas flores tristes, inclinadas, sedientas desplomadas sobre el porche. De hecho, debo tener cuidado cuando abro la puerta o las pisaría y aplastaría.

Es más, he tratado de cultivar flores durante mucho tiempo. Las he plantado todos los años sin éxito, excepto estas poquitas plantas. Son las únicas flores que han sobrevivido. Debido al lugar donde están –al lado de la puerta– no reciben agua de los aspersores. Así que todos los días, saco la regadera, voy a la llave, lleno el cubo y llevo el agua hasta donde están estas pequeñas flores. Si no reciben agua, se marchitarán.

Hay días en que me agrada esta pequeña tarea y me deleito en regar mis flores. Otros días, sin embargo, me irrito: «¿Por qué no pueden crecer y desarrollarse como hacen mis otras flores?» Por resentimiento hacia ellas y por el esfuerzo extra que exigen, me entran deseos de arrancarlas y arrojarlas en la basura, especialmente durante las mañanas en que el barril verde de la basura está en la acera y muy conveniente. Debido a mi cansancio, no deseo tomar el tiempo extra ni dedicarles la energía extra para regarlas. Deseo darme por rendida con respecto a ellas y dejar que perezcan. Durante mis días rebeldes y egoístas, me digo: «¡No necesito esto! Mi vida sería más fácil sin esas flores!»

Pero a través de los años he mantenido mi «fanático cubo». Sé que, si no lleno mi balde en la llave y doy a mis flores agua de vida, éstas morirían. Así que las riego todas las mañanas antes de ir a dar mi paseo. La próxima vez que salgo por la puerta de entrada es por la tarde para recoger el correo. Entonces, cuando abro la puerta, estas flores vivaces y bonitas me sonríen. Mirándolas, me alegro de haberlas regado. No tenía ganas de hacerlo necesariamente, pero lo hice de todas formas. Actué según mi voluntad, no según mis sentimientos. Tomé una decisión y realicé el esfuerzo de regar estas flores y mantenerlas vivas.

Cuidar de mis flores me ha mostrado una de las formas en que podemos ver el reto de amar a las personas que Dios nos pone en nuestro camino. Puede que no sintamos necesariamente deseos de ser amorosas hacia ellas, pero cuando permitimos que Dios nos llene con su amor que da vida, podemos llevar su amor a otros y llenar sus vidas. El amor no es nuestro, es de Dios. Cuando presentamos nuestros seres vacíos ante la Fuente de amor y somos llenadas por Él, entonces somos capaces de dar su amor a las personas sedientas. Cuando actuamos por nuestra voluntad en lugar de por nuestros sentimientos, tomamos la decisión de amar, y realizamos el esfuerzo de obedecer el llamamiento de Dios a amar, Él puede hacer llegar su amor por medio de nosotros.

Si, por ejemplo, he de amar a mi esposo en la forma en que quiero amarlo, necesito ser llenada por el amor de Dios todos los días. Debo optar por acudir a Dios y presentar mi ego vacío ante Él. Cuando Él me llena de su amor, soy capaz de ir hasta Jim y derramar el amor de Dios sobre él. Mi fanático cubo continúa a lo largo del día para Katherine y Courtney o cualquier otra persona que Dios ponga en mi camino.

En los días difíciles en que con frecuencia quedo seca, me vuelvo hacia Dios muchas veces para que Él pueda llenarme una y otra vez con su amor para las personas con las que entro en contacto. Cuando, por ejemplo, ofrezco un saludo amistoso a una mujer que no responde, mi carne dice: «Bueno, si eso es lo que obtengo siendo agradable, ¡olvídate!» Pero es exactamente entonces cuando necesito correr hacia Dios y hacer que me llene de nuevo con su amor hacia esa mujer para que yo pueda compartirlo con ella. Ella es alguien a quien Dios quiere mostrar su amor, y yo puedo hacer que lo haga a través de mí. Puedo permitirme ser el vehículo que lleva su amor hasta ella.

A veces, el amor con que Dios me llena por las mañanas parece abundante e ilimitado, y puedo compartir su amor hasta que se oculta el sol. Pero luego llegan esos días cuando parece que tengo que volver a Dios a cada momento. Quizá la tarea es más difícil, quizás el corazón de la persona a la que estoy tratando de amar es más duro, quizás mi propio corazón sea más duro, o quizás no estoy pasando suficiente tiempo con Él para recibir lo que necesito compartir; no lo sé. Lo que sí sé es, que solamente cuando continuo volviéndome hacia Dios puedo continuar amando a las personas que Él pone en mi camino.

Una vez más, es el amor de Dios, pero yo soy la vasija vacía. Es su agua la que me llena si se lo permito. Al contrario que yo con mi cubo para las flores, Dios siempre quiere llenarme, y Él lo hará tantas veces como yo necesite que lo haga durante el transcurso del día. Después de todo, Él es el Único que «da a todos abundantemente y sin reproche» (Stg. 1:5). Él es el amor ilimitado, y está dispuesto y es paciente a medida que nos llena de amor para dar. Sí, es el amor de Dios, y su amor me conmueve a ir hasta Él en plena fe para recibir su energía y poder. Necesito mirar hacia Dios para ser llenada con amor de Él para compartirlo. ¡Pero entre los dos, entre Dios y yo, podemos llevar a cabo la tarea de amar!

El amor demostrado por Rut

Cuando busco en la Biblia algún ejemplo de amor sacrificial, no puedo evitar pensar en Rut y en las muchas formas en que ella demostró el amor de Dios hacia una mujer difícil de amar, su suegra, Noemí. Diez años antes de que comenzara la historia, Noemí se había mudado a Moab desde Belén con su esposo y sus dos hijos: «me fui llena» (Rt. 1:21). Mientras que vivieron en Moab, sus hijos se casaron y la familia de Noemí aumentó hasta incluir dos nueras, Orfa y Rut. Pero como Noemí explicó a sus viejas amistades al regresar a Belén tras la muerte de su esposo y de sus dos hijos, «Jehová me ha vuelto con las manos vacías» (1:21). Orfa eligió quedarse en Moab, así que Noemí regresó a Belén sola. Su única compañía era Rut. A medida que la gente le daba la bienvenida, ella les decía: «No me llaméis Noemí [que significa agradable], sino llamadme Mara [que significa amarga]» (v. 20).

Al vivir ahora en Belén con Noemí, Rut tenía la oportunidad de poner en práctica el amor de Dios hacia su suegra. Se arremangó las mangas y se puso a trabajar amando a esta mujer amarga, seca, adolorida. Durante la temporada de la cosecha, ella sirvió a Noemí espigando en los campos de cebada (2:23). Rut mantuvo a su suegra y a sí misma como una «fanática de la cebada». Todas las mañanas mientras salía el sol, Rut iba a los campos a espigar la cebada que los segadores dejaban sin cortar para los pobres y los necesitados. Después de cargar con el grano en la falda de su vestido, una Rut cansada batía la cebada con un palo para separar el grano de la barcia (2:17). Mañana tras mañana, hasta que la cosecha terminó, Rut se levantó temprano para obtener cebada de los campos. Tarde tras tarde regresó donde Noemí con un cesto de grano, y hablando de manera figurada, con un cesto de amor. Rut se sacrificaba y permitía que Dios mantuviese a Noemí a través de ella.

Quizás usted conozca a una Mara, alguien que Dios ha puesto en su vida (y quizás incluso en su propia familia) que se siente «vacía», pero que está realmente llena de amargura, desilusión y dolor. Amar a esa persona significará volverse a Dios cada día, para esperar que Él sea su fuente de amor y acudir a Él –quizás bastante a menudo– en busca de una nueva dosis de su amor. Amar a esa persona requerirá sacrificio personal.

El amor puesto en práctica por usted

Una de las formas en que crecemos en la gracia de Dios es de esperar que Él nos llene con su amor; el tipo de amor que es un acto de la voluntad, que actúa mejor que contentarse con simples palabras, que se extiende hacia el desagradable, que da por el hecho de amar y que implica autosacrificio. Necesitamos que Dios nos ayude a amar, y tengo una tarea para usted que le demostrará la capacidad de Dios para ayudarla a amar en la forma en que Él quiere que ame. Elija a la persona más difícil de amar que Dios haya puesto en su vida y ponga en acción los principios de amor anteriores. Luego, observe lo que ocurre dentro de su corazón y en la vida de dicha persona.

A medida que considera la tarea y todo lo que ha leído en este capítulo, pase algún tiempo orando al Dios de amor. Confiésele todos sus pensamientos desagradables sobre dicha persona, cualquier actitud que tenga hacia él o ella que sean contrarios a sus caminos amorosos, y cualquier fracaso pasado al amarlo por medio de las acciones o palabras suyas. Pida a Dios que le permita obedecer el mandamiento de su Hijo de «amad a vuestros enemigos, haced bien a los que os aborrecen; bendecid a los que os maldicen, y orad por los que os calumnian» (Lc. 6:27-28). Dios quiere hacerlo por medio de usted. Sólo tiene que abrirle para recibir de Él su infinito suministro de amor que da vida y que la transforma.

Cosas que hacer hoy para crecer en amor

1. Comience a amar a las personas que Dios pone en su camino. Empiece por los de su casa.
2. Acuda a Dios durante el día para obtener una porción fresca de su amor que compartir.
3. Recuerde que su tarea es servir (Gá. 5:13).

CAPÍTULO TRES

Ofrecer el sacrificio del gozo

«Mas el fruto del Espíritu es... gozo.»
Gálatas 5:22

$\mathcal{U}$n magnífico domingo de otoño del año pasado, Jim y yo íbamos hacia una iglesia en el centro de California en que él conduciría un culto de ordenación de uno de sus antiguos alumnos del *The Master's Seminary*. Durante el almuerzo, después de la ceremonia matutina, nos enteramos de que estábamos a sólo 45 minutos del Parque Nacional Sequoia. Así que, después de finalizar el almuerzo y entrar en el auto, Jim sugirió que manejáramos a través del parque para ver las hojas de otoño.

¡Hacia allá fuimos! Manejando hasta y a través del parque, disfrutamos de los espectaculares colores y la sorprendente obra de Dios. A medida que las sombras se alargaban al mediodía y la temperatura descendía, comenzamos a buscar un lugar donde entrar en calor con un café caliente. Por fin encontramos un albergue que todavía no había cerrado por el invierno. Aparcamos el auto y caminamos por un sendero hacia el edificio de piedra rústico. A medida que cruzamos un pequeño puente, nos detuvimos y miramos el riachuelo que corría por debajo con sonidos tan agradables y refrescantes. Al mirar por encima de la baranda, quedamos sorprendidos al descubrir la causa del sonido dulce del agua. Montones de rocas grandes, puntiagudas impedían el progreso del agua, entorpecían su tranquilidad, rompían su superficie, incluso redirigían su camino. Sin embargo, el pequeño riachuelo seguía dando sus alegres sonidos. Nos sorprendimos que algo tan traumático pudiera causar una cosa tan bella.

¿No es este arroyo una imagen de cómo es la vida real o al menos de cómo debería ser la vida cristiana? Nuestra vida está llena de desilusiones, crisis, tragedias, descorazonamiento, aflicciones y luchas tal como Jesús prometió (Jn. 16:33). Pero las buenas noticias son que, a medida que tropezamos con rocas inquietantes que impiden nuestro progreso, interrumpen nuestra tranquilidad, rompen la superficie y redirigen nuestro camino, Dios nos puede dar el gozo que necesitamos para producir sonidos de alabanza a Él.

Jesús deseaba que nuestro gozo fuese cumplido (Jn. 16:24), pero las aflicciones, las pérdidas, el estrés y el dolor pueden robarnos fácilmente cualquier sentimiento de gozo. Pero cuando volvemos nuestra mirada hacia Dios en medio de nuestro sufrimiento, repentinamente encontramos la fuerza que necesitamos para alabarle a pesar del dolor y darle las gracias por su bondad incluso cuando las cosas no marchan demasiado bien. Gracias a la obra de su Espíritu en nosotras, podemos experimentar el gozo que transciende las circunstancias y que transforma algo traumático en algo bello.

Lo que la Biblia dice sobre el gozo

Cada año en *The Logos Bible Institute* (El Instituto Bíblico Logos) dirijo una clase de mujeres a través de la carta a los filipenses, la epístola de Pablo sobre el gozo. La primera vez que preparé mis conferencias para el curso, me sorprendieron las muchas referencias al gozo de la Biblia, la siguiente gracia en la lista de Pablo del fruto del Espíritu. ¿Qué aprendemos en la Biblia sobre el gozo, especialmente de las más de 70 referencias al gozo en el Nuevo Testamento?

En primer lugar, vemos que el gozo es importante para Jesús. Durante la cena de la pascua que Él compartió con sus discípulos poco antes de su crucifixión, Jesús describió la relación especial que Él tendría con sus discípulos si ellos permanecían en Él y en su amor. Jesús terminó esta sección de su enseñanza con estas palabras: «Estas cosas os he hablado, para que mi gozo esté en vosotros, y vuestro gozo sea cumplido» (Jn. 15:11). Jesús quería que sus discípulos conociesen el gozo de la comunión con Él, un gozo al máximo.

También vemos que ese gozo genuino –que está enraizado en Cristo– es una expresión de santidad. El gozo es una señal segura de la presencia de Dios en nuestra vida. Expresado de manera diferente, nuestro gozo es «el gozo de Dios que pasa al cristiano»,[1] «un gozo cuyo fundamento es Dios».[2] Aunque el gozo es esencial para la santidad, a menudo parece ausente en nuestra vida a pesar del hecho de que, como hijas de Dios, tenemos algunas razones magníficas para estar gozosas.

Considere, por ejemplo, que debido a que nuestro gozo está arraigado en nuestro todo amantísimo e inmutable Dios, nuestro gozo es permanente. En Juan 16:22 Jesús dice «nadie os quitará vuestro gozo». Sin embargo, algo que nos puede quitar el gozo que Dios nos proporciona es nuestro fracaso en andar en el Espíritu (Gá. 5:16). El Espíritu Santo hace que su fruto crezca en nuestra vida a medida que permanecemos en Cristo y andamos según su Espíritu en obediencia a sus caminos.

Además, puesto que está arraigado en nuestro fiel y omnipresente Dios, nuestro gozo está siempre disponible. Se nos anima, por o tanto, a «regocijaos en el Señor siempre» (Fil. 4:4; véase también 1 Ts. 5:16). Cualesquiera que sean las circunstancias de nuestra vida, tenemos acceso a la Fuente del gozo verdadero en todo momento que acudamos a Él.

Nuestro gozo también es «inefable» (1 P. 1:8); es un «gozo que trasciende las palabras».[3] Descrito como una «muestra del gozo celestial»,[4] el gozo cristiano no se puede expresar ni articular plenamente.[5] No podemos explicar por qué sentimos gozo cuando nada en nuestra vida sugiere que deberíamos sentirnos gozosas, y ese hecho señala a un punto común de confusión acerca del gozo.

El gozo espiritual verdadero no es felicidad. La «felicidad» es un estado de buena fortuna y prosperidad. Por definición, la felicidad se relaciona con las circunstancias y depende de éstas. Si todo marcha bien, nos sentimos felices, pero tan pronto como una nube oscura o la irritación entra en nuestra vida, nuestra felicidad se esfuma. La felicidad puede ser un gozo falso y, puesto que las circunstancias fáciles no son la norma de la vida (Jn. 16:33), la felicidad es fugaz. De hecho, el apóstol Pablo predicó la verdad de que «todos los que quieren vivir piadosamente en Cristo Jesús padecerán persecución» (2 Ti. 3:12). El gozo de Dios es un don de gracia para nosotras a medida que encontramos la dificultad, la tribulación y la persecución de vivir en este mundo. Este gozo sobrenatural, dado por medio del Espíritu de Dios, transciende todas las condiciones de la vida.

Como hijas de Dios mediante el nuevo nacimiento podemos beber hasta la saciedad de la interminable corriente de gozo de Dios, ¡sin importar lo que la vida nos ofrezca! Detéganse y alabe a Dios porque nuestro gozo como cristianas:

- No depende de las circunstancias, sino de las realidades espirituales de la bondad de Dios, su amor incondicional hacia nosotras y su gran victoria sobre el pecado y las tinieblas.
- No se basa en nuestros esfuerzos, logros, ni fuerza de voluntad, sino más bien en la veracidad de nuestra relación con el Padre a través del Hijo.
- No es una mera emoción, sino el resultado de elegir mirar más allá de lo que parece ser verdadero en nuestra vida a lo que es verdadero sobre nuestra vida perdonada, salvada y redimida por Cristo.

En resumen, nuestro gozo espiritual no es «una experiencia que procede de circunstancias favorables [sino] de un sentimiento de bienestar que reside en el corazón de la persona que sabe que todo está bien entre ella y el Señor.»[6]

Las fuentes de gozo

Tal como llevamos nuestro ser vacío a Dios para que lo llene con su amor, también acudimos a Él –la fuente del verdadero gozo– cuando nos sentimos vacías del gozo cristiano. Y por cinco razones, podemos recibir de Él ese gozo inefable.

En primer lugar, tal como sabía el salmista, *Dios mismo* es la fuente principal de nuestro gozo. En los Salmos 42 y 43, el autor revela su doloroso deseo de entrar «al altar de Dios, al Dios de mi alegría y de mi gozo» (43:4). Una traducción literal de esta referencia a Dios dice «al Dios del gozo de mi regocijo».[7] ¿Piensa en Dios como su alegría y gozo? ¿Acude a Él, que mora en su corazón, en busca de gozo? Dios –la única fuente de gozo verdadero– quiere darle su gozo. Sólo necesita acudir a Él para recibirlo.

En segundo lugar, *la salvación de parte de Dios* es una gran razón de gozo. Considere que cuando las personas explican cómo se convirtieron a Cristo, éstas no pueden sino contar gozosamente la historia. Isaías, por ejemplo, no podía contener su gozo cuando pensaba en todo lo que Dios había hecho por él. Así escribió: «me gozaré en Jehová, mi alma se alegrará en mi Dios; porque me vistió con vestiduras de salvación, me rodeó de manto de justicia» (Is. 61:10). Debido al alto precio que Dios pagó para obtener nuestra salvación a través de la muerte de su Hijo, seríamos sabias al reflexionar con regularidad en nuestra salvación y en lo que ella significa. Al realizar esto, nos encontraremos en contacto tanto con la Fuente de gozo como con una razón inconmovible de gozo.

En tercer lugar, *las promesas de Dios* son otra causa de gran gozo, y sus promesas son muchas. Una vez teníamos un pequeño recipiente de plástico semejante a un pan sobre nuestra mesa de desayunar. Cada una de las tarjetas de la caja tenía impresa una promesa de la Biblia. Todas las mañanas uno de nosotros cerraba los ojos, alcanzaba, tomaba una promesa, y luego la leía como parte de nuestras devociones familiares. Por la noche, durante la cena, hablaríamos de nuevo sobre nuestra promesa para el día y sobre cómo habíamos visto a Dios ser fiel a su Palabra desde la hora del desayuno. Su Biblia, como esa cajita nuestra, está llena de promesas; como ocho mil según un cálculo.[8]

Mi amiga Mary usa las promesas de Dios para encontrar gozo en su vida con una enfermedad crónica: «Mi problema de salud con frecuencia me quita el gozo. A menudo me hallo al borde de la desesperación, la depresión, la compasión propia y otras actitudes carnales. Esta semana, cuando me preocupaba mi aflicción, me concentré en el Señor. Cuando oré para ver el lado bueno de mi dolor, recordé varias promesas de las Escrituras. Recordé que Dios nos consuela de todas nuestras aflicciones (2 Co. 1:3-4). También me ayudó el recordar que Dios está en control y tiene un propósito único para mí (2 Ti. 1:9; Ef. 1:11). Él está usando mi aflicción para obrar su voluntad en cuanto a mí –para ayudarme a ser más semejante a Cristo– para mi bien y para su gloria (Ro. 8:28). Por lo tanto, seguiré dándole las gracias por esta [enfermedad] todos los días, aun cuando no pueda comprender del todo el propósito que conlleva.» Tal como está aprendiendo Mary, las promesas de Dios para nosotras son un manantial sin límite de gozo del que podemos sacar en cualquier momento sencillamente al abrir su Palabra y creer en sus promesas. ¡Todavía mejor si ha memorizado algunas de esas promesas y las ha guardado en su corazón!

El reino de Cristo es la cuarta razón para que tengamos gozo en nuestra vida. El hecho de que las que hemos creído en Jesús como Salvador y Señor hemos sido bienvenidas al reino proporciona un gran gozo a los ángeles (Lc. 15:10), y las noticias de almas que vienen a Cristo también deberían evocar gozo en nuestro interior. Tal gozo caracterizó a la joven iglesia del libro de los Hechos. Pablo y Bernabé fueron de ciudad en ciudad «contando la conversión de los gentiles; y causaban gran gozo a todos los hermanos» (Hch. 15:3). Disfruto algo similar durante los bautismos en mi iglesia. Escuchar a cada hombre o mujer explicar cómo Dios transformó sus vidas es verdaderamente una fuente de gozo para mí.

Por último, a medida que enfrentamos los retos de la vida y afrontamos el dolor que se nos presenta, nuestro futuro también debería aportarnos gozo. Al igual que la recompensa que planeamos para nosotras para celebrar el final de una estación de la vida llena de estrés, podemos mirar hacia adelante a nuestro futuro en Cristo; un futuro que no trae muerte sino vida eterna con Dios en el cielo. El Salmo 16:11 describe cómo será el futuro en la presencia de Dios: «En tu presencia hay plenitud de gozo; delicias a tu diestra para siempre.» Cuando las pruebas de la vida parecen insoportables e interminables, podemos mirar hacia adelante con gran anticipación y seguridad a nuestro futuro hogar en el cielo con Dios, donde «ni habrá más llanto, ni clamor, ni dolor» (Ap. 21:4), y experimentar un profundo gozo a pesar del sufrimiento terrenal.

Claramente, el gozo del Señor está a nuestra disposición las 24 horas del día, todos los días, no importa lo que estemos afrontando. Una esposa que conozco se ha vuelto a poner a trabajar para que su esposo pueda terminar los estudios. «Una vez que estaba afrontado todo un día de trabajo con muchos proyectos en marcha –recuerda ella–, comenzaba a sentirme aturdida y deprimida, triste porque tenía que trabajar. Pero Dios sabía que mi mayor deseo era dar fruto, y el Espíritu Santo me hizo recordar que, sin importar cómo me sintiera, ¡tenía acceso a un gran gozo! Así que acudí a la Fuente y dejé que Dios me llenara de su gozo hasta saciarme.»

Esta plenitud de gozo también está a disposición suya y mía. Todo lo que tenemos que hacer es fijar nuestra concentración en Dios, no en nuestra tristeza; en lo eterno, no en lo temporal. Experimentamos el gozo del Señor cuando acudimos a Él y hallamos nuestro gozo en el Señor. El verdadero gozo, el gozo espiritual, se encuentra solamente en las cosas de Dios. Cultivamos el fruto de gozo cuando pedimos a Dios que nos mantenga andando y permaneciendo en Él. Pídale a Dios su gracia para que le ayude a recordar el acudir a Él para ser llenada de gozo durante las épocas de necesidad.

Una imagen del gozo

Un día mi hija Katherine recibió una llamada poco corriente de un hombre de negocios que estaba produciendo catálogos impresos y vídeos de diamantes. Steve tenía casi todo lo que necesitaba para crear su catálogo: los diamantes, un estudio, una cámara, las luces. Necesitaba una cosa más: un par de manos. Un amigo suyo del The Master's College le había comentado: «¡Katherine George tiene las manos más largas, finas, bonitas y bellas que he visto jamás!» Con dicha recomendación Steve telefoneó a Katherine.

Así que Katherine manejó hasta el centro de Los Ángeles para hacer de modelo de los diamantes para los catálogos. Tan pronto como llegó al estudio, Steve colocó la cámara y las luces. Luego abrió su maleta, y sacó un trozo de terciopelo negro, el fondo para los diamantes. Tras encender las luces de su estudio, sacó algunos diamantes de su maleta, uno por uno, para que Katherine los modelara.

A la vez que daba instrucciones a Katherine para que levantara su mano del fondo oscuro hacia la luz mientras ella modelaba cada anillo, Steve explicaba: «Cuando colocas un diamante contra un fondo oscuro, la oscuridad lo ayuda a parecer más brillante. Y cuando el diamante es llevado hacia la luz, se revelan todas sus facetas y brillan. Un diamante es bonito por sí solo, pero colocándolo contra un fondo negro y levantándolo hacia la luz mejora su brillo y gloria.»

¡Qué perfecta imagen del gozo! El gozo espiritual verdadero destella más contra la oscuridad de los problemas, la tragedia, las pruebas. Cuanto más negro el fondo, mayor el brillo. De forma similar, las luchas oscuras de la vida hacen que el gozo cristiano sea más intenso y nuestra alabanza sentida de corazón más gloriosa. Como ha notado un autor: «[Dios] engarzó en dolor la joya de su gozo.»»[9]

El sacrificio de alabanza

Con esta imagen en mente, considero el sacrificio de la alabanza útil para cultivar la gracia del gozo de Dios. Déjame explicarle. Cuando la vida es buena, la alabanza y el agradecimiento fluyen automáticamente de mi corazón y de mis labios; pero cuando la vida se vuelve negra, la alabanza y el agradecimiento no fluyen fácilmente. Al contrario, tengo que elegir deliberadamente seguir el consejo de Dios y «dad gracias en todo, porque esta es la voluntad de Dios para con vosotros en Cristo Jesús» (1 Ts. 5:18). Aunque no me siento con deseos de alabar al Señor o de darle gracias, hago lo que Dios dice, y ese esfuerzo hace de mi alabanza un sacrificio. Cuando estoy bastante inundada por la autocompasión puedo quedarme hundida en mi depresión y el dolor que siento o elegir mirar más allá para hacer que mi alabanza a Dios sea sacrificial. Cuando alzo tal sacrificio de alabanza a Dios en medio de la oscuridad de mis pruebas, hallo el gozo del Espíritu magnificado en mi vida, tal como el alzar un diamante hacia la luz contra un fondo negro mejora su brillo.

Y ofrezco este sacrificio de alabanza cuando siento dolor porque Dios nos exhorta a que estemos siempre gozosas (Fil. 4:4), y Él nos proporciona ejemplos de carne y hueso en su Palabra. En el Antiguo Testamento, por ejemplo, el rey David adora en la casa del Señor a pesar de la agresión de sus enemigos. Dejando de mirar su situación y mirando hacia Dios su protector, David declara que a pesar de sus dificultades, «yo sacrificaré en su tabernáculo sacrificios de júbilo» (Sal. 27:6).

Necesito el gozo de Dios, y (probablemente usted también) más necesito su gozo cuando las cosas están oscuras. Necesitamos gozo cuando sufrimos o no nos entienden, cuando nos rechazan y odian, y cuando padecemos dolor emocional o físico. Nuestro sacrificio de alabanza a Dios da al Espíritu lugar para tocarnos con gozo que eclipsa dichas circunstancias.

Es sorprendente darse cuenta de que, con el sacrificio de alabanza, los mismos obstáculos del gozo se convierte en el terreno en el que florece el gozo. El sufrimiento, las enfermedades, la aflicción, el dolor y la pérdida crean en nosotros la necesidad de acudir a Dios para recibir su gozo. La privación, el estrés y las demandas de la vida –un horario ajetreado, una multitud de responsabilidades– nos obligan a acudir al Padre. El Espíritu usa nuestro dolor, nuestra tristeza y nuestra pena para motivarnos a alzar ante Dios un sacrificio de alabanza que nos ponga en contacto con el gozo inconmovible del Señor.

Cualesquiera que sean sus circunstancias actuales, no hay mejor momento que éste para una oración de alabanza a su amoroso y comprensivo Padre. Permita que el dulce aroma de su sacrificio se eleve al cielo y la bondadosa presencia de Dios conforte su alma. A medida que su oración le haga más real la presencia de Dios, conocerá más plenamente el gozo de Él.

Los sonidos del gozo

La esposa del predicador C. H. Spurgeon, Susana Spurgeon, padecía de incapacidades físicas que empeoraban progresivamente de un año a otro. Al final, llegó a un punto en que ya no podía realizar el viaje transatlántico en barco con él. Entonces no sólo tuvo que soportar su dolorosa aflicción, sino que también tuvo que afrontar su ausencia entre seis y nueve meses cada vez. Lea lo que ella escribió una tarde oscura, fría y solitaria cuando estaba sentada a solas (le parecía que siempre estaba sola ahora) al lado de la chimenea:

> El fuego estaba dejando libre esa música aprisiona-
> da desde lo más íntimo del corazón del viejo roble.
> [A medida] que las lenguas violentas de las llamas
> consumían los callos [endurecidos del tronco]... el
> fuego sacaba de ellos una canción y un sacrificio.
>
> ¡Pensé cuando el fuego de la aflicción extrae can-
> ciones de alabanza de nosotras, entonces verdadera-
> mente... ¡nuestro Dios es glorificado!... Nosotros no
> emitiríamos sonidos melodiosos si no fuese por el
> fuego que arde a nuestro alrededor, y que libera las
> tiernas notas de confianza en Él.... ¡Cantar en las lla-
> mas!... ¡Deja que el horno se caliente siete veces más
> que antes![10]

Sí, el gozo canta con las llamas. El gozo glorifica a Dios a través de las lágrimas y el dolor. El gozo nos estimula a dar gracias por la bondad de Dios cuando las circunstancias no son propicias. El gozo impulsa el ofrecimiento del sacrificio de la alabanza cuando la vida no nos da razón aparente de celebración. ¿Son estos los sonidos de gozo que sale a borbotones de nuestro corazón y labios? Pida al Espíritu Santo que le toque con su gracia y le bendiga con gozo en el Señor.

La canción de gozo de Ana

Su vida cotidiana era difícil y sus circunstancias oscuras, pero Ana conocía el gozo del Señor. Al abrir el primer libro de Samuel, aprendemos que Elcana tenía dos esposas, Ana y Penina, «y Penina tenía hijos, mas Ana no los tenía» (1:2). Año tras año, Penina alardeaba de su capacidad para tener hijos delante de Ana, haciéndola llorar e impulsándola a no comer. ¿Cómo afrontaría la provocación de Penina si fuese

Ana? ¿Y cómo está manejando lo que Dios está haciendo (o no está haciendo) en su vida en este momento? Ana tiene mucho que enseñarnos.

1. Ana soportó silenciosamente su dolor. En primer lugar, Ana no tenía hijos (1 S. 1:2) y por lo tanto se la consideraba un fracaso y una vergüenza social.[11] Es más, cada día sufría los malos tratos de la mujer con quien compartía a su querido esposo. Luego, cuando Ana acudió al templo a verter su corazón ante Dios, el sumo sacerdote interpretó su agonía por borrachera (v. 13). A pesar de todo este dolor, nunca leemos que palabras de ira o autocompasión salieran de los labios de Ana. Ella se volvía al Señor en lugar de atacar a su provocadora o a su esposo.

2. Ana nunca actuó en busca de venganza. No escuchamos que ella buscara retribución sobre Penina o Elcana. Ana ni siquiera pidió a su esposo que pusiera fin a las ridiculizaciones de Penina. De hecho, ella ni siquiera le contó lo que sucedía, un informe que podría hacer que él se volviese contra su rival.

3. Ana buscó a Dios mediante la oración (1 S. 1:10-16). Ella acudió al Todopoderoso, sabiendo que era el único que comprendía sus dificultades y el único que podía hacer algo al respecto. Durante los días oscuros de su vida, Ana miraba hacia Dios como fuente de esperanza y gozo, alzando sus problemas hasta Él y esperando en sus promesas. Aunque podía haber compartido su dolor con su esposo, no lo hizo. Ana estaba sola, excepto con Dios. Para ella, el gozo procedería de Dios y solamente de Él.

4. Ana se regocijaba mientras ofrecía a su hijo a Dios. Mientras lloraba a Dios en su dolor, Ana prometió que, si Él le daba un hijo, ella lo dedicaría al Señor «todos los días de su vida» (1 S. 1:11). Dios respondió a su oración y le dio a Samuel. En obediencia a lo que había prometido, Ana le devolvió a su querido niño posiblemente de sólo 3 años de edad. A medida que esta madre santa llevaba a su hijo al tabernáculo y se preparaba para despedirse de él, ella ofreció el sacrificio de alabanza a la vez que el sacrificio de su hijo. Ana oró: «Mi corazón se regocija en Jehová... me alegré en tu salvación» (1 S. 2:1). La fuente de su gozo era Dios, no un ser humano, ni un hijo, ni el regalo pedido en oración por tanto tiempo que Él le había dado por tan corto tiempo.

¿Qué le está pidiendo Dios que soporte? ¿Le llega el dolor de muchos lados? ¿Cómo está tratando a la gente que causa o agrava su dolor? ¿Es su espíritu vengativo, está su lengua llena de ira o rencor? ¿Está soportando la dificultad silenciosamente, permitiendo que le acerque más a Dios para que su jardín de la gracia se haga mejor, no más amargo? ¿Están estos tiempos difíciles presionándole a orar, ayunar y a volverse diariamente hacia la Palabra de Dios, a adorar cada semana con su pueblo? ¿Está buscando a Dios con todo su corazón, su alma, sus fuerzas y su alma (Lc. 10:27)? ¿Sabe que puede encontrar gozo solamente en Dios? El gozo en el Señor puede ser suyo en este mismo momento a medida que ofrece el sacrificio de alabanza.

El ejemplo supremo de gozo

El mismo Jesús nos da el ejemplo supremo de gozo en medio del oscuro dolor de la vida. Probablemente no había peor fuente de dolor en todo el continente antiguo que la crucifixión en una cruz romana, pero leemos en Hebreos 12:2 que «por el gozo puesto delante de él sufrió la cruz, menospreciando el oprobio». Al saber que su sufrimiento tendría como resultado un gozo inmenso, Jesús miró hacia su futuro con el Padre mientras soportaba el dolor terrible de la muerte en la cruz. Como expresa un comentarista: «A pesar de la incomprensión, el rechazo, el odio y el dolor que soportó por parte de los hombres mientras estaba encarnado entre ellos, el Señor nunca perdió su gozo en la relación que mantenía con su Padre. Y da ese gozo a cada uno de sus seguidores.»[12] El mismo gozo que Jesús experimentó en sus horas más oscuras es suyo y mío hoy día mediante el poder del Espíritu Santo obrando en nuestra vida. ¿No mirará a Dios para obtener ese gozo? Permita que le ayude a soportar sus días oscuros y llenos de dolor.

Cultivar el gozo

¿Qué podemos hacer para cultivar este fruto de gozo en el Señor en nuestro jardín de la gracia?

- Podemos ofrecer de forma continua el sacrificio de alabanza a Dios, incluso cuando no sintamos ganas (He. 13:15). Por medio del poder del Espíritu Santo, este acto de agradecimiento transforma nuestro dolor en alabanza.
- «Tened por sumo gozo cuando os halléis en diversas pruebas», escribe Santiago (1:2). Como dije anteriormente, permita que esos obstáculos al gozo se conviertan en el terreno en el que florecerá el gozo. Eso ocurre cuando, por medio del Espíritu, dejamos que las rachas difíciles de la vida nos acerquen más al Señor, la única Fuente de gozo genuino y esperanza verdadera.
- Dé gracias en todo (1 Ts. 5:18). Ocurra lo que ocurra —bueno o malo— da gracias a Dios por su soberanía, su tiempo perfecto, su plan perfecto y su amor incondicional.
- Bendiga al Señor en todo tiempo (Sal. 34:1). Ofrezca incesantemente el sacrificio de alabanza (He. 13:15). El Espíritu puede y lo usará para tocarle con el gozo de Dios.
- Concéntrese en la realidad de las promesas de Dios. Cada vez que abra su Biblia, lea con un lápiz en la mano y busque las poderosas promesas que pueden transformar su perspectiva en una de gozo. Memorice aquellos versículos que más le gusten y medite en ellos.
- Mire hacia arriba. Mueva los ojos y sus esperanzas de su sufrimiento y concéntrese en el esplendor de Dios (Sal. 121:1-2).
- Con la ayuda del Espíritu, obedezca el mandamiento de Dios de estar siempre gozosa (1 Ts. 5:16; Fil. 4:4). Como el autor Jerry Bridges escribe: «No hemos de sentarnos a esperar que nuestras circunstancias nos hagan gozosos. Tenemos el mandamiento de estar siempre gozosos... deberíamos crecer continuamente en gozo.»[13]
- Acuda a Dios para ser llenada con su gozo siempre que lo necesite.

Asignación para el gozo

¿Qué prueba le está causando hoy la mayor pena, el dolor más agudo, la tristeza más profunda? ¿Se trata de una aflicción física o una enfermedad crónica, un esposo no creyente, la pérdida de la vivienda o del empleo, el deterioro de las finanzas o de la salud, el fracaso familiar, el alejamiento de un hijo? ¿Se trata de una desilusión, un sueño desvanecido, un desastre o una incapacidad? ¿Se trata del ridículo o de la persecución? ¿De una temporada difícil como esposa o madre, hija o nuera? Cualquiera que sea su mayor prueba hoy, deje que ella le acerque a Dios, obligándole a ofrecerle un sacrificio de alabanza, y así permitir que sea tocada por Él, la única fuente de gozo verdadero.

Cosas que hacer hoy para crecer en gozo

1. Como se le anima anteriormente, identifique la prueba que le causa la mayor pena.
2. Ofrezca a Dios el sacrificio de alabanza (He. 13:15).
3. Considere esa prueba un gozo debido a lo que Dios puede obrar en su vida como resultado de ella (véanse Stg. 1:2-4 y Ro. 5:1-5).

CAPÍTULO CUATRO

Experimentar la paz de Dios

«Mas el fruto del Espíritu es... paz.»
Gálatas 5:22

*L*a columnista y consejera Ann Landers recibe un promedio de diez mil cartas al mes, casi todas de personas con problemas. Cuando se le preguntó si un problema sobresale en el correo que recibe, ella dijo que el problema más grande parece ser el temor; el temor de la gente a perder la salud, la fortuna y a sus seres queridos.

La profesión médica observa el mismo temor en la gente. A pesar de lo que los mismos pacientes dicen, la gran mayoría de todos los pacientes crónicos hoy tienen un síntoma común. En el noventa por ciento de dichos casos, el primer síntoma no era una tos o el dolor en el pecho sino el temor, que tarde o temprano se manifestaría como algún tipo de síntoma clínico.

Las causas del temor nos rodean por todos lados, pero como cristianas tenemos otro recurso para afrontar estos temores. El recurso es la paz de Dios, la siguiente parte del fruto en la lista de gracias cristianas de Pablo. ¡Y qué fruto más refrescante es esa paz en un mundo cada vez más loco! En nuestra sociedad estilo montaña rusa que no ofrece garantías, nosotras que somos hijas de Dios podemos experimentar su paz –no importa lo que esté ocurriendo en nuestra vida–, cuando caminamos por su Espíritu. A medida que somos bendecidas con la paz de Dios en medio de las pruebas de la vida, experimentamos un nuevo acercamiento a Él al mismo tiempo que demostramos su gracia y bondad.

Comprender la paz del Señor

¿Qué exactamente es esta paz que da el Espíritu de Dios? Mucha gente considera la paz como la ausencia de problemas, como el sentimiento que se experimenta cuando todo marcha bien, pero la paz del Señor no tiene relación con las circunstancias. En realidad, la paz de Dios viene a nosotros y perdura sin importar cuáles son las circunstancias de la vida.

Courtney y Paul viven en Kauai, Hawai, la isla que experimentó los estragos del huracán Iniki de 1992. Mientras Jim y yo conducíamos por la isla durante una visita reciente, notamos no sólo los restos de la evidencia de la destrucción, sino también las inmensas sirenas de aviso colocadas en cada playa y en cada pueblo. Al haber pasado por un terremoto de más de seis grados en el Sur de California, teníamos una idea del temor que habrán sentido los habitantes de la isla cuando esos mismos dispositivos sonaron aquel fatídico día de septiembre. ¿Pero puede imaginarse tener perfecta paz cuando las sirenas están dando la señal de una tormenta o a medida que el huracán ruge a su alrededor? Ese es el tipo de paz que Dios pone a nuestra disposición durante las tormentas de la vida.

- Nuestra paz no tiene nada que ver con las circunstancias, sino con una relación correcta con Dios.[1]
- Nuestra paz no tiene nada que ver con los problemas ni las crisis diarias, sino que tienen que ver con saber que nuestros días están en manos de Dios.[2]
- Nuestra paz no tiene nada que ver con las condiciones de nuestra vida, sino tiene que ver con saber que Dios es todosuficiente.[3]
- Nuestra paz es un reposo interno[4] y una serenidad del alma[5] que indican un corazón en reposo –sin importar nuestras circunstancias– mientras ponemos plena confianza en Dios, minuto a minuto.

La verdadera paz espiritual procede de conocer que nuestro Padre celestial está continuamente con nosotros, y verdaderamente lo está. Dios es omnipresente y por ello, está por completo al tanto de cada detalle de nuestra vida en cada momento y en cada lugar. Él conoce nuestras necesidades en cada instante y en cada situación. Como enseña el Salmo 139:7-12, no podemos estar nunca en algún lugar –desde las alturas del cielo hasta las profundidades del mar– donde Dios no esté presente con nosotras y a nuestra disposición. La clave para nuestra paz, entonces, no es la ausencia de conflicto, sino la presencia de Dios no importa el conflicto.[6] ¡El mero escribir sobre la presencia personal y continua de Dios aporta un refrescante sentimiento de paz a mi alma!

La paz también viene de reconocer que Dios suplirá toda nuestra necesidad así como de reconocer su constante presencia. Cuando Pablo le pidió al Señor que quitase el aguijón en su carne y Jesús le respondió que no, el Apóstol aprendió la verdad de la declaración de Jesús: «Bástate mi gracia» (2 Co. 12:9). Pablo aprendió por sí mismo la verdad que escribió en Filipenses 4:19: «Mi Dios, pues, suplirá todo lo que os falta conforme a sus riquezas en gloria en Cristo Jesús», y en 2 Corintios 9:8, que «poderoso es Dios para hacer que abunde en vosotros toda gracia, a fin de que, teniendo siempre en todas las cosas todo lo suficiente, abundéis para toda buena obra». Estas promesas significan que jamás tendremos una necesidad verdadera que Dios no pueda satisfacer. ¡Qué razón para tener paz es esa verdad!

Confiar en Dios

Para disfrutar de la paz de Dios tenemos que confiar activamente en Él. Jesús declaró como un hecho: «En el mundo tendréis aflicción» (Jn. 16:33), pero como cristianas que permanecen en Cristo hay paz incluso durante la tribulación mientras descansamos en la presencia de Dios y confiamos en sus promesas. Cuando andamos por el Espíritu, nuestra vida se caracteriza no por la inquietud, el pánico y la ansiedad, sino por la paz que procede de confiar en Dios. En medio de las circunstancias más difíciles de la vida, la paz del Espíritu «guardará [nuestros] corazones y [nuestros] pensamientos» (Fil. 4:17), sirviendo como centinela de nuestros pensamientos y nuestras emociones a pesar de la turbulencia de la vida.

Pienso en la paz como el sacrificio de confianza. Usted y yo realizamos el sacrificio de confiar cuando afrontamos las realidades dolorosas y angustiosas de nuestra vida y luego optamos por confiar en Dios en vez de dejarnos cundir por el pánico o desmoronarnos. Cuando las circunstancias en mi vida me tientan a dejarme cundir por el pánico, sentirme aterrorizada, ser un manojo de nervios o estar llena de pavor, puedo elegir rendirme ante esos sentimientos o confiar en Dios y presentarme ante Él para ser llenada de su paz. Debo realizar esta elección consciente siempre que veo las nubes de tormenta acercándose, siempre que las confusiones, estupefacciones y perplejidades de la vida amenazan aturdirme. Puedo bien confiar en el Dios Todopoderoso o sucumbir a las emociones de la carne. Elegir confiar en Dios –realizar el sacrificio de confiar– me hace experimentar su paz incluso en medio de un rugido tremendo. Realizamos el sacrificio de confiar y experimentamos la paz de Dios.

> Cuando elegimos no dejarnos cundir por el
> pánico sino descansar en la presencia de Dios.
> Cuando abandonamos nuestro terror... y confia-
> mos en la sabiduría y los caminos de Dios.
> Cuando rechazamos nuestra nerviosidad... y
> recordamos que Dios está en control.
> Cuando ignoramos nuestro temor... y en su lugar
> aceptamos lo que Dios nos manda.

Recibir la paz de Dios

Cuando tú y yo estamos llenas del Espíritu Santo y andamos en sus caminos, tenemos acceso instantáneo a «la paz de Dios, que sobrepasa todo entendimiento» (Fil. 4:7). Y esa paz que procede de Dios –y sólo de Él– nos llega a través de cuatro obsequios que Él nos ha hecho.

1. Dios, el Hijo. Ante todo, tenemos paz mediante el don de Jesucristo, el Hijo de Dios. Setecientos años antes de que Jesús naciese en el pesebre de Belén, el profeta Isaías del Antiguo Testamento predijo: «Porque un niño nos es nacido, hijo nos es dado... y se llamará su nombre... Príncipe de paz» (Is. 9:6). Ese nombre refleja su misión. La venida a la tierra de Jesús logró nuestra salvación. Su muerte en el Calvario nos dio el don de la paz para con Dios que llega sólo con el perdón de nuestros pecados: «Justificados, pues, por la fe, tenemos paz para con Dios por medio de nuestro Señor Jesucristo» (Ro. 5:1). Nuestra paz personal para con Dios procede de la obra del Hijo de Dios en la cruz.

2. Dios, el Padre. El segundo don que Dios nos ha dado es el don de conocerle. En la Biblia aprendemos sobre sus promesas y su fidelidad para que podamos confiar en Él en tiempos de necesidad. Una de las promesas se encuentra en Isaías 26:3: «Tú guardarás en completa paz a aquel cuyo pensamiento en ti persevera; porque en ti ha confiado.» No podemos evitar los conflictos del mundo, pero podemos conocer la perfecta paz en medio del torbellino al volvernos hacia Dios mismo en lugar de concentrarnos en las dificultades de la vida. Apoyadas por el amor inmutable de Dios y por la poderosa fuerza revelada en sus promesas escritas y en la muerte sacrificial de su único Hijo por nosotras, no necesitamos ser sacudidas por el caos que nos rodea.[7]

3. La Palabra de Dios. La Biblia nos ayuda a conocer a Dios al revelarnos su ley, sus caminos y sus propósitos. Cuando conocemos, amamos y seguimos los caminos de Dios, experimentamos la paz de Dios hasta el punto de que nada nos hace tropezar (Sal. 119:165). Cuando hacemos de la Palabra de Dios nuestra norma de vida y obedecemos sus mandamientos, experimentamos la paz que resulta de mantener una relación correcta con Dios y de tener su Espíritu obrando en nuestro interior.

4. Dios, el Espíritu. El Espíritu Santo es nuestro ayudador personal, nuestro maestro y nuestro consolador (Jn. 14:26). La enseñanza, la dirección y el consuelo que recibimos de Él son ciertamente dones de paz. Y recibimos esta paz de Dios cuando permanecemos en Cristo y andamos por su Espíritu.

Como cristianas, podemos mirar hacia Dios –Padre, Hijo y Espíritu Santo– y a la Palabra de Dios para obtener paz.

Consideremos ahora cuándo y cómo hacerlo en nuestra vida cotidiana.

Elegir la paz de Dios en vez del pánico

Me sorprende cuántas situaciones en la vida cotidiana pueden causar pánico, terror, pavor, temor o duda. Podemos dejarnos cundir por el pánico al considerar la responsabilidad de mantener a una familia o preocuparnos de la seguridad de nuestros hijos. Para muchos, el recuerdo del maltrato o la anticipación de mayor daño pueden disparar el pavor. El terror puede venir al someterse a una biopsia, afrontar alguna operación quirúrgica, o escuchar el diagnóstico de cáncer. El dolor y la muerte pueden causar miedo y duda. El peligro despierta todas estas emociones, como aprendí durante el terremoto de Northridge en 1995 ¡y los continuos temblores posteriores (tres ayer y uno de ellos de casi cinco puntos)!

Tales causas cotidianas de miedo son parte de la vida de muchas de las mujeres que conozco. Mi anhelo –y oraciones– van dirigidas al estudiante que me escribió la siguiente nota:

> He estado considerando el someterme a una prueba médica para unos dolores que he estado teniendo en el estómago. Durante las dos últimas semanas el dolor se ha acrecentado, así que he concertado la prueba para este viernes. Puesto que soy propensa a diagnosticar mi caso y me preocupo sobre todo lo que pudiera ser, mi mente se vuelve inquieta y distraída, y cunde el pánico.

En nuestro estudio bíblico semanal, otra mujer compartió que estaba luchando contra el miedo ya que a su esposo lo habían sacado de su trabajo por tres meses y no tenía ni empleo ni ingresos. Ella nos pidió que orásemos para que pudiera continuar descansando en la paz de Dios y en el hecho de que Él tiene pleno control de la situación.

Los acontecimientos de la vida cotidiana pueden ciertamente causar pánico, terror, pavor, miedo, y duda. En tiempos así, necesitamos la paz de Dios, y nuestro Salvador nos da fácilmente su paz cuando, en momentos así, elegimos confiar en Él. Como dijo Elisabeth Elliot, debemos confiar en Dios «hasta las uñas». Podemos aguantar las situaciones de la vida que causan pánico solamente si confiamos en nuestro Dios digno de confianza, al descansar en el hecho de que nuestros días están en sus manos y al colocar nuestra confianza por completo en su toda suficiencia.

Los discípulos de Jesús observaron su completa suficiencia en una situación que comprensiblemente los llenó de pánico. Después de un largo día enseñando, Jesús y los doce discípulos entraron en una barca para pasar al otro lado del lago. Lucas informa que «mientras navegaban... se desencadenó una tempestad de viento en el lago; y se anegaban y peligraban» (Lc. 8:23). Mientras las olas rompían contra la barca y comenzaban a llenarla de agua (Mr. 4:37), ¡Jesús dormía! ¡La paz de Dios ciertamente sobrepasó todo entendimiento en este punto! ¿Cómo podía Jesús dormir durante una tormenta así? ¿No sentía la turbulencia? ¿No sabía que podía perder la vida ahí mismo en el Mar de Galilea?

La clave de la paz de Jesús era su conocimiento de que sus días estaban en las manos del Padre. Jesús confiaba y por lo tanto descansaba en lugar de llenarse de pánico. Él sabía que no iba a morir ni un segundo antes del tiempo programado por Dios y que, si este era su tiempo de morir, nada lo podría prevenir. Permaneciendo en el Padre, Jesús tenía total confianza en el poder y la suficiencia de Dios.

¡Qué tremendo contraste con sus fieles (¿o infieles?) seguidores! El pánico de ellos se revela en su llamada al despertar a Jesús: «¡Maestro, Maestro, que perecemos!» (Lc. 8:24). Y Jesús les dijo: «¿Dónde está vuestra fe?» (Lc. 8:25). El Señor probablemente nos haría la misma pregunta cuando nos dejamos cundir por el pánico. Que poco parece que los discípulos entonces –y usted y yo hoy– confiaban en Jesús.

Necesitamos recordar algo que los discípulos no recordaron: nuestros días están en las manos de Dios. Él es todosuficiente para satisfacer nuestras necesidades, y el Salvador está con nosotras en cada paso del camino. Al igual que los discípulos podían haber descansado, nosotras también podemos experimentar la paz de Dios cuando le ofrecemos el sacrificio de confianza. Podemos entonces hallar el descanso en nuestra relación con Él y experimentar su paz que echa a un lado el pánico, la duda, el terror y el miedo. El pánico es innecesario, un desperdicio de energía; molestarse, inquietarse y preocuparse son señal del fracaso en confiar en nuestro fiel Padre. Pero cuando optamos por confiar en Dios, podemos tener la misma paz en Dios que Cristo tenía en medio de la tormenta en el mar y en muchas otras escenas de su vida. Incluso cuando se veía amenazado de muerte, confrontado por sus enemigos y en camino a la cruz, Jesús descansó en Dios, reconociendo siempre que sus días estaban en manos de Él y que su todosuficiente Padre saciaría cada una de sus necesidades.

¿Puede confiar en Dios de esta manera? ¿Puede permitirle que Él, su Hijo, su Palabra y su Espíritu Santo sean canales de paz? ¿Responderá cuando su Espíritu le impulse a confiar en Dios tan pronto como surja el motivo para dejarse cundir por el pánico? Al volverse hacia Dios exactamente en ese momento, permite que el Espíritu Santo le llene de su paz.

Elegir la paz de Dios cuando la presión va en aumento

Quizás mucho más frecuente en nuestra vida que las razones para dejarse cundir por el pánico lo son las fuentes de presión. Nunca parece que tenemos suficiente tiempo. Deseamos realizar bien el trabajo de esposa y madre. Se nos encomienda que seamos buenas administradoras del hogar. Trabajos, amistades, responsabilidades con padres ancianos, problemas de salud, e incluso el servicio en la iglesia. Todos éstos traen consigo presión y muy fácilmente perturban la paz de Dios.

En el remolino de la vida que vivimos y en la agitación de las demandas diarias, tenemos a nuestra disposición la paz del Señor. No tenemos por qué vivir de manera agotada: sin aliento, ansiosas, preocupadas, inquietas y aceleradas. Podemos elegir ser como María en lugar de ser como Marta.

¿Recuerda cuando Jesús fue a casa de María y Marta? Marta le dio la bienvenida (y probablemente a sus doce discípulos hambrientos) para que entraran a cenar, pero ella «se preocupaba con muchos quehaceres» (Lc. 10:40*a*). Dejó que la presión en aumento que sentía por preparar la comida le robase cualquier paz, un hecho que se hizo muy obvio.

En primer lugar, la actitud de Marta era muy obvia. Su comportamiento se ha descrito como afanado, preocupado y ocupado.[8] Ella iba a la carrera de forma tensa, apresurada y molesta, preocupada y echando humo. Toda una imagen de ansiedad en acción. Ella se encontraba literalmente sin aliento y atrapada en el remolino de la vida. La cocinera misma estaba hirviendo. Finalmente, incapaz de soportar la presión, explotó (v. 40).[9] ¡Tenía que decirle algo a Jesús!

Fue entonces que su boca reveló su carencia de paz. «Señor, ¿no te da cuidado...?» le preguntó de forma acusadora (v. 40). Echándole la culpa a su hermana María, Marta continuó: «que me deje servir sola» (v. 40). La mandona hermana mayor entonces se atrevió a decirle al Señor lo que tenía que hacer: «Dile, pues, que me ayude» (v. 40). Además de preparar una comida en la cocina, Marta estaba causando una conmoción en la sala de estar con su explosión verbal.

La confusión de Marta sobre su misión también le robó su paz. Aunque estaba en lo correcto al servir a Jesús, ella erróneamente pensó que servir era su misión primordial. Jesús percibió las prioridades confundidas de esta mujer con tan buenas intenciones y comentó: «Marta, Marta, afanada y turbada estás con muchas cosas» (v. 41). En sus esfuerzos por servir a Dios, ella se olvidó de que «el principal fin del hombre es glorificar a Dios y gozar de Él siempre».[10]

Así que llegamos al fin a la forma de pensar de Marta y las prioridades que le impidieron conocer la paz de Dios. Marta se preocupaba de detalles y asuntos secundarios.[11] Su servicio para Jesús se había degenerado hasta convertirse en una mera ocupación, sin relación con la devoción a Él. Esta concentración en el servicio más que en Aquel a quien servía impulsó a Jesús a enseñarle. Él le señaló que su hermana María había elegido «la buena parte» (v. 42) al sentarse a los pies del Maestro para escuchar sus palabras y permanecer en su presencia. ¡Y cuántas veces he actuado yo igual que Marta!

Observemos ahora a su hermana y aprendamos de ella. María descansaba a los pies del Señor mientras que Marta estaba afanada. Ella adoraba al Señor mientras que Marta se preocupaba de la comida. Ella conocía la paz de la presencia de Dios mientras que Marta era cundida por el pánico en la distancia. La conducta de María revelaba claramente un espíritu en descanso y «el incorruptible ornato de un espíritu afable y apacible, que es de gran estima delante de Dios» (1 P. 3:4). Y la boca de María también descansaba. Sentada en la presencia de Dios mismo, ella tenía mucho que aprender. ¡Él hablaba palabras de vida! Ella callaba.

Al igual que su hermana, la misión de María también era servir, pero ella comprendía la prioridad más importante de adorar. Al desear que su relación con Jesús fuese la prioridad más alta de su vida, María tomó decisiones que reflejaron dicho deseo. Ella sabía cuándo dejar de servir y sentarse.

La mentalidad de María era agradar al Señor. Como dijo Jesús, María había elegido «la buena parte, la cual no le será quitada» (v. 42). Ella tenía su mente en las cosas de arriba, no en las de la tierra (Col. 3:2). Ella se concentraba en lo eterno, no en lo temporal (2 Co. 4:18).

María es definitivamente el ejemplo que necesito para mi huracanado estilo de vida, y supongo que es también un ejemplo que usted necesita. Trato de imaginarme a María sentada... en reposo... en adoración... en paz...a medida que planifico otra boda, comienzo el desordenado proceso de una remodelación después del terremoto, afronto una fecha límite para la entrega de un libro, y hago malabarismos con las demandas continuas de cada día de los horarios, los compromisos y la vida.

¿Qué vería ahora mismo en mí alguien que me estuviera observando: una Marta o una María? ¿Qué vería en usted? ¿Se siente intranquila o está confiada y en paz? ¿Está dando vueltas o está descansando en el Señor? ¿Revelan sus palabras un sentimiento de pánico y presión, o son palabras que edifican y animan, que dan gracia a los oyentes (Ef. 4:29)? ¿Reflejan sus acciones las prioridades que Dios quiere que tenga? ¿Pone en primer lugar su relación con Él o está demasiado ocupada para sentarse a sus pies y disfrutar de su presencia? La mujer que expresa las siguientes frases conocía lo que es estar ocupada, hasta que el Señor intervino.

¡Estoy ocupada, Señor!

Estoy ocupada, Señor. Ciertamente puedes ver
¡las mil cosas que me esperan por hacer!
Los platos todavía están en el fregadero.
No puedo pararme a orar ni pensar.

Señor, sé que tú comprendes,
pues me pusiste a estos niños en mis manos;
Y ahora gritan y me necesitan de tal manera,
Señor, tú lo comprendes, mejor que vaya.

Ahora los he puesto a todos a dormir,
mejor sacudo el polvo, friego y barro.
Debo descongelar la carne para el estofado,
¡y hace tiempo que debía haber planchado!

Y suavemente mi Señor me respondió:
«¿Por qué huyes de mi presencia?
Tengo tanto que darte hoy,
Hija mía, deseo escucharte orar.

»Te amo, hija; te quiero aquí
descansando y escuchando, derramando una lágrima.
¿Y si Pablo se hubiese detenido a decir:
"Señor, estoy muy ocupado para escribir cartas hoy"?

»No, hija mía, soy lo que precisas,
Puedes apresurarte por las tareas de la casa,
pero cuando acabes, queda vacío
Si te pierdes el tiempo devocional.»

Gracias, Señor, por mostrarme
lo mucho que necesito esperar en ti.
¿Qué son uno o dos platos por lavar
en comparación a compartir un tiempo contigo?

—Nancy Stitzel

Que Dios nos permita al igual que a María y a la autora del poema elegir convertir en nuestra prioridad número uno: nuestra relación con Él.

Andar en el sendero de paz

Ahora que sabemos más sobre la paz de Dios, ¿qué podemos hacer para vivir de tal forma que podamos cultivar ese obsequio de su Espíritu?

- Podemos orar. Deberíamos orar primero, orar a menudo, orar continuamente. Cuando colocamos nuestras preocupaciones, temores e intereses en las manos de Dios mediante la oración, podemos ser más semejantes a María. Estaremos pasando tiempo en la presencia del Señor, disfrutando del discipulado con Él, aprendiendo de Él, y adorándole. Sí, experimentando su paz.
- Podemos detenernos y volvernos hacia el Señor siempre que se nos presente una crisis o una catástrofe. Cuando nos detenemos a reconocer a Dios –su presencia, su total suficiencia, su poder, su amor– «él enderezará [nuestras] veredas» (Pr. 3:6). Es más, habiéndonos vuelto hacia Él, estaremos de nuevo en contacto con su paz que sobrepasa todo entendimiento.
- Podemos observar los evangelios y estudiar la vida de Jesús para darnos cuenta de la paz que experimentó en las situaciones más difíciles. Podemos aprender cómo su permanencia en el Padre celestial dirigió sus pensamientos, palabras, acciones, respuestas y reacciones durante las circunstancias más difíciles. Podemos llevar estos ejemplos en nuestra mente y «[escribidlos] en la tabla de [nuestro]corazón (Pr. 3:3) para que podamos seguir a nuestro Salvador.

Cosas que hacer hoy para crecer en paz

¿Qué reto le hace actuar como Marta? ¿Qué preocupación la mantiene despierta por la noche? ¿Qué inquietud hace que su mente y su corazón se irriten cuando se despierta cada mañana? Identifique ese detalle y haga luego una decisión consciente de confiársela a Dios. Realizar el sacrificio de confiar permitirá a su corazón descansar en Él y experimentar su paz.

CAPÍTULO CINCO

Observar las actitudes de santidad de Jesús

Los tres capítulos precedentes de este libro han sido sobre las circunstancias de la vida que nos exhortan a mostrar el fruto del amor, el gozo y la paz. La necesidad de amor la crean los malos tratos, la hostilidad, los abusos y el odio. La necesidad de gozo brota de la tristeza, las tribulaciones, la tragedia, la aflicción y las pruebas. La necesidad de paz llega a medida que afrontamos los acontecimientos de la vida que evocan miedo, terror, pavor y ansiedad. ¡Cuán bendecidas somos al ser capaces de seguir el ejemplo de Jesucristo, quien enfrentó estas mismas oportunidades de dar fruto! Ya hemos visto a Jesús dar ejemplo de cada actitud de amor, gozo y paz. Una mirada más íntima de Jesús en el huerto de Getsemaní nos lo muestra viviendo todas estas tres actitudes a pesar de los acontecimientos que afrontaba.

Mientras me preparaba para escribir este capítulo, encontré las siguientes palabras que escribió mi pastor, John MacArthur:

> En cada momento y siempre Jesús empleó incluso esta lucha con el enemigo en el huerto la víspera de la crucifixión para enseñar a los discípulos y a cada futuro creyente otra lección de santidad, una lección

sobre el afrontar la tentación y cualquier prueba severa. El Señor no sólo se preparaba para la cruz, sino que también por medio de su ejemplo, preparaba a sus seguidores para las cruces que Él les pide que carguen en su nombre.[1]

Ya que deseamos crecer en santidad, permitamos que Jesús nos enseñe al fijar nuestra mirada en esa noche oscura, una noche físicamente oscura que también fue la más oscura espiritualmente en la historia de los seres humanos a medida que el Hijo sin pecado afrontaba la muerte por nuestros pecados para lograr nuestra salvación.

Al observar esta escena sagrada en la vida de Jesús, en realidad estamos pisando tierra santa. Su vida en la tierra estaba llegando a su fin, y Él afronta cada palabra fea y hecho malicioso que jamás se le haya dirigido a una persona. Mediante la provisión de Dios de los cuatro evangelios, se nos permite ser testigos de cómo Jesús manejó exactamente este odio, esta tristeza y este trauma.

El plan

A lo largo de sus tres años de enseñanza, Jesús a menudo hacía referencia al plan de Dios en cuanto a su muerte y causaba siempre sorpresa entre sus discípulos. En Juan 7:6, Jesús dijo: «Mi tiempo aún no ha llegado.» Pero en Mateo 26, mientras Jesús se preparaba para su última cena de la pascua, Él declaró claramente lo contrario: «Mi tiempo está cerca» (v. 18). Era su tiempo de morir y cumplir el plan del Padre.

Jesús y su pequeño grupo de seguidores estaban en Jerusalén para celebrar la cena de la pascua. Cenaron juntos por última vez, y Judas el traidor fue despedido para que hiciese el hecho maligno de traicionar a su maestro. Estaba cerca la medianoche del jueves de la semana de la fiesta de los panes sin levadura.[2] Jesús ofreció su oración de sumo sacerdocio para y con sus discípulos (Jn. 17), cantaron un himno (Mt. 26:30), y Él «salió con sus discípulos al otro lado del torrente de Cedrón, donde había un huerto, en el cual entró con sus discípulos» (Jn. 18:1).

El propósito

¿Qué fue lo que impulsó a Jesús al huerto de Getsemaní? Era su situación. Estaba en el momento cumbre de su vida en la tierra. Este era el reto que afrontaba durante sus últimos días. Había llegado su hora y ¿qué había por delante? La traición por parte de sus discípulos. Las malinterpretaciones por parte de su familia y seguidores. El rechazo de la humanidad. La hostilidad y la persecución. Una multitud airada, líderes airados, y un pueblo airado. Maltrato verbal y físico. Una sentencia injusta. El dolor desesperante de la crucifixión. La muerte. Y lo peor de todo, la momentánea separación de su Padre celestial. Desde la perspectiva humana, Jesús estaba perdiendo todo lo que tenía: su vida, su familia, su ministerio, sus amigos y su dignidad personal.

Su Padre celestial le había mandado: «Muere por estos pecadores», y Jesús obedeció. El hacerlo beneficiaría a otros –incluidas usted y yo– puesto que su muerte sería por pecadoras como nosotras. Así que, actuando por amor, Jesús se ofreció a sí mismo como sacrificio en rescate por muchos (Mt. 20:28).

El lugar

Afrontando el reto abrumador de la cruz, Jesús fue a Getsemaní (Mt. 26:36). Este lugar probablemente era un lugar retirado, rodeado por muros y algunos olivos, y quizás una gruta que se usaba durante el otoño para prensar las olivas para obtener el aceite.[3] Jesús había ido allí con frecuencia con sus discípulos (Jn. 18:2) porque era un lugar tranquilo, un sitio bueno para enseñar, orar, descansar y dormir. Por lo tanto, en vísperas de su muerte, Jesús se retiró a su lugar de oración con su pequeño grupo de seguidores.

La gente

Después de entrar en el lugar denominado Getsemaní, Jesús hizo dos cosas. En primer lugar, pidió a ocho de sus discípulos: «Sentaos aquí, entre tanto que voy allí y oro» (Mt. 26:36). Estos hombres se quedaron fuera del muro o del portal del jardín como centinelas. Luego Jesús invitó a tres de los discípulos –Pedro, Santiago y Juan– a que lo acompañaran para orar.

Los problemas

Al desaparecer en la negra oscuridad, Jesús comenzó su batalla. El plan del Padre le causaba un profundo dolor y la Biblia nos ofrece vistazos de su extensa angustia emotiva. Jesús dijo en voz alta: «Mi alma está muy triste, hasta la muerte» (Mt. 26:38). Él «comenzó a entristecerse y a angustiarse» (Mr. 14:33), tanto que se postró en tierra para orar. Lucas nos relata que Jesús estaba «en agonía» (22:44). Nuestro Señor ofreció «ruegos y súplicas con gran clamor y lágrimas» (He. 5:7). Como escribe John MacArthur: «todas las olas y las oleadas de dolor vinieron a sobrecoger su alma.»[4]

El mandamiento de Dios de morir también le causaba a Jesús sufrimiento no sólo emotivo sino también un estrés físico tremendo: «Y estando en agonía, oraba más intensamente; y era su sudor como grandes gotas de sangre que caían hasta la tierra» (Lc. 22:44).

Jesús estaba luchando otra gran batalla además de estas luchas emotivas y físicas y se trataba de la guerra espiritual. Ya que Él conocía esto, les había dado instrucciones a sus acompañantes de «velad y orad, para que no entréis en tentación» (Mt. 26:41). Nuestro Señor se entregó a la misericordia de su Padre y exclamó: «Padre mío, si es posible, pase de mí esta copa [de muerte]» (v. 39). A nivel físico, Jesús quería que la copa le pasara. Nadie ha deseado nunca probar la muerte, Jesús tampoco. Pero desde la perspectiva espiritual, Él quería hacer la voluntad de su Padre y por lo tanto añadió a su súplica: «pero no sea como yo quiero, sino como tú» (v. 39).

El proceso

Sumiso a la voluntad de Dios, vemos a Jesús salir triunfante de su agonizante lucha en el huerto. ¿Cómo obtuvo la victoria? ¿De qué modo se mantuvo firme en su amor, gozo y paz que lo obligaba a morir voluntariamente por los pecadores y no rendirse a los deseos físicos y emotivos? ¿Cuál fue el proceso? ¿Qué podemos aprender para que nosotras también podamos manifestar dichas actitudes de santidad?

Como hemos visto antes, el amor es el sacrificio del ego. Para hallar amor, Jesús miró hacia Dios el Padre que le había ordenado como el Hijo «morir por los pecadores». Y con amor, Jesús miró al Padre, extendiéndose hasta Él en busca de su amor sustentador y fortalecedor. Luego, al ofrecer el sacrificio del ego, determinó hacer la voluntad del Padre. El amor de Jesús miró hacia el Padre –y nos miró a nosotros– y el Espíritu lo capacitó para someterse a la muerte en la cruz (He. 9:14). La carne quería que la copa pasara, pero el amor miró hacia el Padre y dijo: «pero no sea como yo quiero, sino como tú» (Mt. 26:39). Dicha decisión trajo sufrimiento intenso y severo.

El gozo ofrece el sacrificio de alabanza. Con gozo, Jesús alabó a Dios. Las Escrituras nos dicen que Jesús experimentó un gran gozo: «por el gozo puesto delante de él [en el Padre y por el Padre] sufrió la cruz, menospreciando el oprobio» (He. 12:2).

La paz viene del sacrificio de confianza. Para la paz, Jesús dejó sus problemas con Dios. «La paz que sobrepasa todo entendimiento» se apresuró a guardar el corazón y la mente de Jesús y Él se levantó de esa tierra santa, manchada de lágrimas, empapada de sudor para proseguir en paz, al conocer que sus tiempos estaban en las manos del Padre, para decir con toda paz y con plena confianza: «vamos» (Mt. 26:46).

El producto

Dese cuenta, por favor, de que: ¡Ninguna de las circunstancias que rodeaban a Jesús cambiaron! Después de agonizar en oración, Él aún iba a la cruz, todavía iba a ser crucificado, aún iba a morir, pero fue a la cruz sostenido por el amor, el gozo y la paz de Dios.

Dese cuenta de algo más: dicha transformación, esta aceptación, este punto decisivo no fue logrado con un chasquido de los dedos de Jesús, un abrir y cerrar de ojos, o con una varita mágica. Ocurrió porque Él acudió al Padre, en agonía y con sangre, sudor y lágrimas. Postrado sobre la tierra en una oscuridad literal mientras luchaba la oscuridad más profunda que se asentaba sobre su alma, Jesús miró hacia el Padre para obtener el amor, el gozo y la paz del Padre. Como dicen unas estrofas de un poema:

Cuando parece que no hay probabilidad,
Que no hay cambio,
Del dolor puede liberarme,
La esperanza encuentra su fuerza en la impotencia,
Y calmadamente espera en ti.[5]

La sumisión final de Jesús a la voluntad de Dios no se logró fácilmente. Orar una vez no bastó (Mt. 26:39). Dos veces no bastaron (v. 42). Él se volvió hacia el Padre en tres distintas ocasiones (v. 44). Y estas tres veces en oración no consistían de lanzar pensamientos banales hacia el cielo. Eran probablemente sesiones de tres horas de duración (Mt. 26:40) de agonizar, combatir, pelear, batallar, para que Él pudiese hacer lo que el Padre requería que hiciese.

Cuando nuestro Salvador por fin se levantó para proseguir y afrontar la cruz, lo hizo con amor, con gozo y con paz. Lleno de estas gracias, el Hijo ahora podía decir: «vamos» (Mr. 14:42).

El cumplimiento

Acabamos de ver a Jesús someterse a la voluntad de su Padre: la muerte en la cruz. Pero ¿y qué de nosotras? ¿Qué tal es nuestro cumplimiento de lo que concierne a seguir la dirección de Dios para nuestra vida? Sé que oro muy poco. Cuando algo difícil se me presenta durante el día digo: «¡De ninguna manera!» y sigo mi camino. Si algo requiere algo más de lo que deseo dar respondo: «Muchas gracias, pero no podré hacerlo.» A veces sigo trabajando, haciendo lo que tengo que hacer –por mí misma, en mi propia carne y por mi propias fuerzas– sin acercarme nunca al Padre para que me llene. Murmuro, me aflijo, me quejo y me inquieto. Cumplo con mi deber, pero lo hago a regañadientes.

En momentos así, necesito seguir el ejemplo de mi Señor y acudir al jardín de Getsemaní, mi lugar de oración. Necesito volverme hacia el Padre y luchar con mi carne hasta dar su fruto de amor, gozo y paz. Necesito pasar tiempo –no importa lo mucho que tome– para permitirle llenarme hasta tenerlo a Él por completo y hasta que Él me tenga por completo a mí.

Si durante una semana o incluso un día nos comprometiéramos a correr hasta Él en oración y recordáramos sus promesas cuando necesitamos amor, cuando necesitamos gozo y cuando necesitamos paz. Si permaneciésemos allí hasta tenerlo, sin importar el tiempo que eso tomase, podríamos ciertamente cambiar nuestro mundo para Cristo. Si nos comprometiéramos a pasar tiempo en el jardín con el Padre y pagar el precio que Jesús pagó para andar en el Espíritu. Vencer a la carne y por lo tanto, experimentar el amor, el gozo y la paz de Dios. ¡Los efectos serían desconocidos, incontables, ilimitados! La oración en nuestro propio jardín supondría a Cristo en nuestro interior, transformando nuestro corazón, nuestros matrimonios, nuestras familias, nuestros hogares, nuestros vecindarios, nuestro mundo. Y Él puede hacerlo. Pero sin Él, no podemos hacer nada (Jn. 15:5). Sin Él, sólo podemos ir de un lado para otro, dando muy poco a un esposo, a un hijo o a un mundo que necesita mucho.

Que mi oración personal para el crecimiento en estas tres actitudes de la gracia de Dios se convierta en su oración a medida que seguimos visitando el huerto:

> Es en oración, Padre,
>> Que nos impulsas hacia ti,
>>> Todosuficiente,
>> Que recibamos a fin de dar,
>>> Que pidamos a fin de alabar,
>>> Que luchemos a fin de descansar.
>> Debemos tener nuestro tiempo en el jardín.
>> Debemos ir a Getsemaní...
>>> Diariamente... en primer lugar... a menudo si es necesario.
>> Mantén en nuestro corazón y mente
>>> la imagen de Jesús en el huerto.
>> Imprímela en nuestra alma.
>> Sigamos en sus pasos
>>> y neguémonos a levantarnos hasta tener
>>> tu amor... tu gozo... tu paz.
>> Oramos en nombre de Jesús, que nos ha enseñado cómo orar. Amén.

SECCIÓN II

Cómo crecer en acciones de gracia

❧

CAPÍTULO SEIS

Resistir con paciencia

«Mas el fruto del Espíritu es... paciencia.»
Gálatas 5:22

*C*ada día en mi propia búsqueda de la santidad, probablemente intento hacer lo mismo que usted: trato de diseñar un programa ideal que me garantizará tiempo devocional con Dios, en su Palabra y en oración, todas las mañanas. En un día bueno, cuando el despertador suena por la mañana, salto de la cama llena de las buenas intenciones y planes sólidos y experimento la primera victoria: ¡Me levanté!

Me hace sentir bien estar levantada y en control de mi vida. Es una bendición entrar en la presencia de Dios, deleitarse en su Palabra y permanecer en oración; para arreglar las circunstancias de mi vida con Dios antes de comenzar mis responsabilidades del día. Experimento la segunda victoria: ¡Tuve mi tiempo devocional!

Luego comienzo a hacer mis tareas de la casa. Con gozo vacío la máquina lavaplatos, riego con anhelo las flores y ordeno amorosamente la casa. Por lo general este feliz estado espiritual se extiende a llevarle café y el jugo a Jim a la cama, prepararle el desayuno y el almuerzo mientras tarareo y lo ayudo a cargar el automóvil. Después de darle un fuerte abrazo y un beso, me quedo diciéndole un «adiós» entusiasta con la mano mientras él se aleja. Experimento la tercera victoria: ¡Conseguí que mi esposo fuese a trabajar sin problemas! Y pienso para mis adentros: *¡Esto es magnifico! ¡Todo va bien! Estoy de buenas. ¡Hoy va a ser un día maravilloso!*

Pero después la vida verdadera –el resto del día– comienza. Me acuerdo de cuando era una madre joven y la vida consistía en cuidar de dos hijas en edad preescolar todo el día. Más tarde la vida significaría guiar a adolescentes que pronto se convirtieron en dos adultos más que vivían en nuestro hogar. Y todas las madres saben que el criar a los hijos trae consigo no sólo alegrías sino también muchas tristezas.

También en la vida verdadera el teléfono suena (¡bastante!) y tengo que atender a la persona y los detalles de cada llamada. La mayoría de las llamadas son buenas, pero luego hay aquellas llamadas sobre problemas. Alguien está molesta conmigo. O la persona al otro lado del teléfono dice algo que me duele. Algunas veces la interlocutora me informa de algo que alguien ha dicho o me da alguna información nueva que requiere una respuesta o decisión. O me entero de que me han retirado de alguna posición o me han rechazado de alguna forma.

El dolor se presenta en una variedad de paquetes: mediante una carta en el correo, alguna visita a su casa o por teléfono. Y cuando se abre el paquete, nos quedamos confundidas, heridas, asombradas, desconcertadas y dolidas. Podemos sentirnos usadas o maltratadas, acusadas injustamente o manipuladas, descorazonadas o tristes. Hubo un insulto, una acusación, un desacuerdo, una discusión, una crítica, quizás un golpe físico o una demanda judicial. ¿Qué se supone que hagamos ahora?

Afrontar el reto de la gente

Cuando salí de mi lugar de oración, las circunstancias de mi vida estaban en orden: había puesto ante Dios las situaciones difíciles de mi vida. Había nutrido y cultivado las actitudes de santidad en mi tiempo devocional ingiriendo la Palabra de Dios y en comunión con Él oré hasta que su Espíritu me dio el amor, el gozo y la paz de Dios. Estaba lista para afrontar la vida durante otro día.

Pero como dice el refrán: «donde hay gente, hay problemas.» Por lo tanto, ¿qué podemos hacer respecto a la gente? ¿Cómo podemos tratar a la gente que nos causa dolor? ¿Cómo podemos obtener la Victoria número 4 y vivir de forma que glorifique a Dios? ¿Cómo podemos continuar andando en el Espíritu (Gá. 5:16) y no sucumbir ante las obras de la carne (Gá. 5:19-21) cuando la gente nos asalta?

Tratar a la gente de forma gentil, semejante a Cristo, es una verdadera prueba para nosotras. Pero Dios nos da tres gracias más –la paciencia, la benignidad y la bondad (Gá. 5:22)– para controlar la tensión de las relaciones personales. El amor, el gozo y la paz son actitudes santas que brotan de nuestra relación con Dios y dichas actitudes de gracia procedentes del Espíritu de Dios nos permiten abordar las circunstancias difíciles de la vida. La paciencia, la benignidad y la bondad nos ayudan en nuestras relaciones con las personas difíciles. Un comentarista señaló esta progresión lógica y escribió: «Si una persona es fuerte en amor, gozo y paz de Dios, será capaz de mostrarse ante su prójimo de una manera más semejante a la de Cristo.»[1] Llegar hasta los demás requiere que entremos en acción. Gracias a Dios, que a través de su gracia, podemos tomar las acciones de la paciencia, la benignidad y la bondad, y a medida que andamos por su Espíritu, reflejamos dichas gracias de santidad.

Nuestro llamamiento a la paciencia

Como cristianas, nos instruye: «vestíos... de paciencia» (Col. 3:12). Hemos de adornarnos con las características de la santidad, que incluye la paciencia. Tal como vestimos nuestro cuerpo todos los días poniéndonos ropa, hemos de vestir nuestro espíritu todas las mañanas con la cualidad santa de la paciencia. ¡Qué bello es estar abrigada con la paciencia de Dios!

Además de vestirnos de paciencia, se nos pide que «andéis... con paciencia» (Ef. 4:1-2). Al describir la vida cristiana, Pablo escribe que podemos mejorar nuestras relaciones con otros creyentes y promocionar la unidad de la Iglesia si dirigimos nuestra vida con paciencia. Es decir, cuando vemos faltas en otras personas o nos molestan de alguna manera, cuando estamos irritadas o somos criticonas y atacamos. En vez de eso, hemos de ser pacientes.

Aunque no es fácil, es un primer paso práctico para llevarse bien con la gente, como Kelly ciertamente aprendió mientras servía como jurado. Ella expresó que «el mostrar paciencia ha sido una lucha diaria para mí mientras servía en un grupo de jurados. Algunas de estas personas son desconsideradas y poco amables y resulta fácil el enfadarse y molestarse entre sí. Pero estoy aprendiendo a abordar esta situación por medio de la oración. Cada vez que ocurre algo que comienza a poner a prueba mi paciencia, acudo a Dios y oro que Él me dé la fuerza para vencer mi actitud impaciente y ansiosa. No importa realmente dónde me encuentre. Simplemente oro en el mismo momento en que estoy siendo probada. Desdichadamente ocurre con demasiada frecuencia, pero Dios ha sido fiel conmigo al ayudarme a evitar que pierda el control sobre mi ira y frustraciones». La paciencia es definitivamente la clave de la armonía en las relaciones, pero antes de que podamos usar dicha clave nos será útil comprender el significado de la paciencia santa.

El significado de la paciencia

Si es como yo, probablemente piensa en la paciencia como el ser capaz de esperar algo durante un tiempo muy largo, pero el tipo de paciencia fruto del Espíritu implica mucho más. Si la paciencia estuviese disponible en latas en la tienda de comestibles, esto es lo que estaría impreso en la etiqueta:

Ingrediente N° 1: El primer y principal ingrediente de la paciencia es la *resistencia*. Esta firmeza del alma bajo provocación incluye la idea de soportar lo malo y los malos tratos.[2] La resistencia paciente es briosidad,[3] tolerancia y tardanza en airarse.[4] La palabra «todo lo sufre» de la Biblia nos da una imagen bastante clara de la paciencia.

Dicho ingrediente de resistencia paciente se practica principalmente hacia las personas y se relaciona con nuestra actitud hacia los demás.[5] Observando el original griego, William Barclay señala que «hablando en términos generales la palabra no se usa de paciencia respecto a cosas o acontecimientos sino respecto a personas».[6] Como un erudito expresó en pocas palabras: «Es la cualidad de soportar a otras personas, incluso cuando... nos ponen a prueba.»[7]

Ingrediente N° 2: La etiqueta que describe la paciencia detalla a continuación las condiciones muy especiales para la paciencia: cuando nos lesionan. Necesitamos paciencia para soportar las lesiones infligidas por terceros,[8] una paciencia caracterizada por soportar el sufrimiento, la constancia del temperamento, o la resistencia paciente cuando otro nos lastima.[9] La paciencia divina incluye la idea de soportar el mal cuando nos maltratan.[10] Una fuente explica: «la paciencia es ese temperamento calmado y que no se irrita con que una [persona] buena soporta los males de la vida... [que] procede de las personas.»[11] Es cuando sufrimos el maltrato infligido por otras personas, cuando se nos provoca o se nos hace mal, que más necesitamos la paciencia. El doctor George Sweeting escribió: «Una gran parte de ser amable es la paciente voluntad de soportar el abuso o el ridículo que viene en nuestra dirección. Generalmente se necesita más esa paciencia justo cuando se está acabando. Tan a menudo nuestro nivel de tolerancia se acaba en el momento erróneo y nuestro espíritu de benignidad se deshace. El verdadero amor... es paciente y nunca se rinde.»[12] La paciencia divina brilla más cuando se nos ha infligido dolor.

Ingrediente Nº 3: Otro ingrediente en la etiqueta que describe a la paciencia es la misericordia. La paciencia de Dios está siempre ligada a la misericordia[13] y soportar a los demás por el bien de ellos.[14] La paciencia desea lo bueno para los demás y está dispuesta a soportarlos, en espera del bien de ellos.

William Barclay da a conocer una idea aleccionadora acerca de la misericordia al escribir: «Si Dios hubiese sido un hombre, nos habría borrado de este mundo hace mucho tiempo, pero Él tiene la paciencia que soporta todos nuestros pecados y no nos abandona. [Por lo tanto] en nuestro trato con nuestros semejantes debemos reproducir esta actitud amorosa, soportadora, perdonadora y paciente de Dios.»[15] ¡Actuamos realmente como Dios cuando tenemos paciencia con las demás personas!

¿Por qué se demora Dios en castigar a los hombres? Un día, mientras repasaba un grupo de versículos bíblicos que había memorizado, llegué a uno sobre la segunda venida del

Señor: «El Señor no retrasa su promesa, según algunos la tienen por tardanza, sino que es paciente para con nosotros, no queriendo que ninguno perezca, *sino que todos procedan al arrepentimiento*» (2 P. 3:9, cursivas añadidas). El Señor está esperando para venir de nuevo, desea que más almas lleguen a creer y se salven. Él está dando a la humanidad una oportunidad más para recibir a Cristo.

El ejemplo anterior de la paciencia de Dios nos da una buena razón para que esperemos pacientemente. Además de obedecer las instrucciones de Dios de ser pacientes, nuestra motivación para poner en práctica la paciencia debería ser el bien de los demás. Deberíamos consumirnos con el mismo pensamiento que Dios tiene hacia los demás: «¡Si sólo espero lo suficiente, quizás a esta persona le ocurrirá algo bueno y maravilloso!»

Ingrediente Nº 4: Escrito en letras rojas sobre la etiqueta de nuestra lata de la paciencia aparecen estas palabras: «¡No contiene ira ni venganza!» La paciencia del Espíritu no contiene ira ni pensamiento de venganza pecadora[16] o de represalia.[17] La paciencia es la gracia del hombre que podría vengarse pero elige no hacerlo.[18] Y como hijas de Dios, nunca tenemos motivo para vengarnos porque Dios nos ha prometido: «No os venguéis vosotros mismos... dejad lugar a la ira de Dios; porque escrito está: Mía es la venganza, yo pagaré, dice el Señor» (Ro. 12:19). Como Tertuliano, padre de la Iglesia primitiva, observó: «Si soportas un mal por el bien de Cristo, Él es el vengador.»[19]

Por lo tanto, la paciencia no se venga, no se desquita, no toma represalia, sino soporta. Soporta el maltrato, se niega a enfadarse y desea el bien del ofensor, aunque algunos cristianos muy espirituales luchan con este elemento de la paciencia. Al leer una biografía de Juan Wesley, me chocó descubrir que «junto con Xanthippe [la esposa de Sócrates cuyo temperamento regañón y contencioso se ha hecho proverbial] y la esposa de Job [Job 2:9-10], la esposa de Juan Wesley debería ser categorizada como una de las peores esposas de toda la historia».[20] Su temperamento terrible le hizo la vida difícil no sólo a Juan Wesley, sino también a su hermano Carlos, que tenía tantos problemas con su cuñada que dijo: «¡Debo orar o hundirme en el espíritu de venganza!»[21]

Según estos ingredientes, la definición de la paciencia que uso para mí misma es: *la paciencia no hace nada*. La paciencia es la primera de estas tres partes del fruto que tienen que ver con la gente: la paciencia, la benignidad y la bondad, y es la parte pasiva del amor[22]: Amor es no hacer nada. Por lo tanto, si quiere andar en la paciencia cuando le hayan herido, maltratado y abusado, ¡no haga nada! En lugar de reaccionar y hacer algo exteriormente negativo y dañino, interiormente resista con paciencia. El hacer *nada* nos da tiempo para hacer *algo*: orar, reflexionar y planificar responder de una manera justa. Acuda a Dios para obtener su paciencia y luego no haga nada que le haga perder cualquiera de esos maravillosos contentamientos. Este proceso generalmente se logra mientras se arrodilla en oración.

Luchar por la paciencia

Puede que le sorprenda que algo tan pasivo como la paciencia pudiera estar incluido en la sección de este libro sobre las acciones de gracia. Pero piense en ello durante un minuto: ¿Qué es más fácil, rendirse a sus emociones y enfado cuando alguien le hace daño, o practicar la paciencia y contener su ira? ¿Atacar con palabras crueles o retenerlas? No tengo ningún problema en dejarme llevar, perder mi calma y decirle a mi ofensor exactamente cómo me siento y lo que pienso. Me resulta mucho más difícil la respuesta santa –la respuesta de Dios– de elegir hacer nada exteriormente mientras resisto con paciencia interiormente. Créame, eso requiere todo el poder de Dios para ayudarme a no hacer nada. Necesito que el Espíritu de Dios me llene de su paciencia. Una vez que estamos llenas, entonces el hacer nada mientras resistimos con paciencia es la manera en que practicamos la resistencia paciente cuando otros nos hacen daño, sin venganza y por el bien de ellos.

El aprender acerca de los ingredientes de la verdadera paciencia espiritual puede cambiar nuestra conducta hacia los demás y nuestro crecimiento en la gracia de Dios. Dicho conocimiento puede ayudarnos a manifestar la misma paciencia que mostró Cristo en su trato con los demás, incluso con sus enemigos. Pero para seguir en las pisadas de Jesús, tendremos que apoyarnos fuertemente en Dios: «Sólo el poder impartido por Dios y por medio de la total confianza en la fuerza sustentadora de su gracia soberana y transformadora, seremos capaces de obedecer dichas instrucciones.»[23] ¡Qué bella es ser una cristiana vestida con la paciencia de Dios!

Observar las instrucciones de Dios acerca de la paciencia

La Biblia es un océano de instrucción con respecto a la paciencia y quiero que profundicemos en ella y descubramos varias verdades acerca de la paciencia.

Pablo tenía paciencia. Al hablar por experiencia propia, él abordó nuestro comportamiento hacia los que no son cristianos al decirnos que «no debe ser contencioso, sino amable para con todos, apto para enseñar, sufrido» (2 Ti. 2:24). ¿Por qué necesitamos tener paciencia en este caso? Los versículos 25 y 26 responden a esta pregunta: «Que con mansedumbre corrija a los que se oponen, por si quizá Dios les conceda que se arrepientan para conocer la verdad, y escapen del lazo del diablo, en que están cautivos a voluntad de él.» En nuestros encuentros con no creyentes, deberíamos practicar la paciencia –al igual que mi amiga Jan lo hizo conmigo– porque esperamos su salvación.

Durante toda la escuela secundaria, Jan era una compañera constante y una de mis mejores amigas. De hecho, éramos tan buenas amigas que en la universidad compartíamos el dormitorio hasta que Jan se mudó a una residencia universitaria y yo me mudé a otra. Entonces algo maravillo le sucedió a Jan: ¡Se convirtió a Cristo! Ella quería contarme a mí, su mejor amiga, todos los detalles. Así que una noche después de cenar, Jan vino a decirme sus buenas noticias y a invitarme a asistir a su estudio bíblico. Me gustaría poder decirle que fui dulce y me comporté como una señorita. Más que eso, me gustaría poder decirle que fui con ella a su reunión y recibí a Cristo también. Pero no, estaba tan sorprendida que todo lo que pude hacer fue ridiculizarla y reírme de ella. Básicamente le dije: «¡Demuéstralo!» Yo quería ver algunos cambios grandes en su vida antes de creer lo que me decía.

A través de los años, Jan fue fiel en su crecimiento en Cristo y una amiga fiel para mí. Continuó mostrándome su amistad sin rendirse nunca. Yo, sin embargo, me rendí en cuanto a ella. Pasaron diez años, años de amistad perdida durante los que permití que mi falta de comprensión se entrometiese entre nosotras. Jan y yo no habíamos hablado durante una década cuando, en otro Estado en medio del país, ¡repentina y drásticamente me convertí a Cristo! ¿Y sabe qué? Quería llamar a Jan inmediatamente. Quería contarle mi experiencia y quería pedirle perdón por tratarla mal. Ahora mantenemos correspondencia y hablamos de las cosas del Señor. Jan tuvo paciencia con una no creyente y ya que deseaba lo mejor para mí, continuó siendo fiel como amiga, incluso cuando yo no me porté bien con ella.

Dios es paciente. La Biblia nos hace maravillarnos de la paciencia de Dios. En 1 Pedro 3:20 leemos: «cuando una vez esperaba la paciencia de Dios en los días de Noé, mientras se preparaba el arca.» ¿Sabes cuánto tiempo esperó Dios? ¡Ciento veinte años! Con el deseo de que muchos se salvasen, Dios esperó 120 años antes de la lluvia y el diluvio (Gn. 6:3), poniendo a la disposición de otros su salvación. ¡Qué triste leer que sólo había 8 personas en el arca después de que Dios esperó tanto (1 P. 3:20)!

¿Cuánto tiempo podemos esperar usted y yo? Piense en las personas en su vida, sus propios seres queridos; quizás un esposo que todavía no cree, un hijo que está tomando más tiempo de lo que desearías para rendirse ante Dios, un hermano o hermana cuya falta de fe hace que se le parta el corazón. Dios nos llama a tener paciencia, su paciencia. La paciencia que se aferra y no se rinde ni deja o abandona al ser querido. La paciencia que continúa extendiendo amor fresco todos los días, incluso durante 120 años. Ciertamente este ejemplo de la espera paciente de Dios me hace pensar que yo debería esperar un poco más.

Jesús tenía paciencia. Jesús, el Maestro de maestros, nos enseña sobre la paciencia en las relaciones con personas problemáticas a los que Él denominaba «enemigos». Jesús nos dice que amemos a nuestros enemigos (Lc. 6:26) y luego explica cómo hacerlo: «orad por los que os calumnian» (v. 28). ¡Una imagen perfecta de la paciencia en acción!

¿Pero cuál es su tendencia natural cuando lo maltratan, lo insultan o se comportan mal con usted? La mía es reaccionar y tratar al ofensor de la misma forma en que me ha tratado a mí. Pero ese tipo de respuesta hace que mi conducta sea tan equivocada como la de mi ofensor. Eso es pecado sobre pecado, crear dos males. Como cristianas somos llamadas a que no estemos «devolviendo mal por mal, ni maldición por maldición, sino por el contrario, bendiciendo» (1 P. 3:9). La reacción y la represalia son definitivamente respuestas carnales y equivocadas. Lo que Jesús quiere de nosotras es la respuesta santa de la paciencia: Él quiere que no hagamos nada en respuesta carnal, sino que bendigamos y oremos. ¿No es eso exactamente lo que hizo Jesús cuando oró por sus asesinos mientras moría en la cruz a la que lo habían clavado: «Padre, perdónalos, porque no saben lo que hacen» (Lc. 23:34)? La oración es nuestra respuesta santa; arrodillarnos a orar, ser llenadas de la paciencia de Dios y no hacer nada.

Esta escena de nuestro Salvador sufriendo es demasiado sagrada como para dejarla sin responder desde lo profundo de nuestro ser. ¿Queremos realmente ser como Jesús? ¿Estamos dispuestas a hacer lo que debemos hacer para amar a nuestros enemigos? ¿Amamos a Jesús lo suficiente como para voluntariamente abandonar nuestro enfado y orgullo, y por el contrario, humildemente, pacientemente, esperar a que Dios actúe? ¿Amamos lo suficiente a aquellos por los que Él murió para soportarlos con paciencia como Él lo hizo con nosotras? Fue el amor por esas personas lo que lo llevó a la cruz. Si deseamos amar a Jesús con su mismo amor, entonces tenemos que estar dispuestas a resistir nuestros deseos carnales y en su lugar tener paciencia, seguir sus pasos (1 P. 2:21). Le pido al Espíritu de Dios que la llene de este dulce fruto.

Sara no tenía paciencia. Mientras Sara y su esposo Abram seguían a Dios, tenían el privilegio especial de oír muchas de las promesas de Dios de parte de Él mismo. Una de dichas promesas era la de un heredero para ellos, pero no hubo hijo hasta que Sara cumplió noventa años y Abram noventa y nueve. Sara no comportó bien durante la espera.

Ya que su esterilidad por tanto tiempo le dio una tristeza constante, Sara se convirtió en «la mujer que cometió un gran error».[24] Su impaciencia la impulsó a proponerle el siguiente plan a su esposo: «te ruego, pues, que te llegues a mi sierva [Agar]; quizá tendré hijos de ella» (Gn. 16:2). Aunque la costumbre de la época permitía que un hombre con una esposa estéril tomara una concubina a fin de tener un heredero,[25] este error no sólo produjo tragedia histórica sino celos y contiendas feroces entre Sara y Agar. El embarazo despertó lo peor en Agar: «cuando vio que había concebido, miraba con desprecio a su señora [Sara]» (16:4) y se volvió insolente y rebelde, actuando orgullosa y desdeñosamente hacia Sara. Ella se convirtió en la persona problemática siempre presente en la vida estéril de Sara.

¿Cómo afrontó Sara esta persona problemática, este dilema diario? ¡No de la forma en que esperaríamos! En una escena terrible marcada por el orgullo y el desdén de Agar hacia su señora y la envidia de Sara de su esclava embarazada. Sara afligió a Agar, quien huyó de su presencia (Gn. 16:6). Sara perdió la paciencia y persiguió a su sirvienta. Aunque Sara creció hasta manifestar una gran fe (He. 11:11), aquí ella atacó a Agar es posible que tanto verbal como físicamente. En este punto, ella es el ejemplo de una mujer carente de paciencia. Demostró odio, conflicto interno, celos, ira, antagonismo, sedición y envidia; muchas de las obras de la carne que Pablo enumera en Gálatas 5:19-21. Esta no es una imagen bonita.

Mientras pienso en Sara, una mujer exaltada por su fe, me pregunto: «¿No es la fe el fundamento de nuestra paciencia?» Y la respuesta es sí. La que nos conduce al amor, al gozo y a la paz. Dichas tres gracias brotan de nuestra relación con Dios y de la comprensión de que Él es el Autor y el Diseñador de nuestra vida y de todo lo que forma parte de ella, incluso la falta de hijos y la presencia de una Agar. Así que siempre que nos sintamos impacientes, debemos fijarnos en el rostro de Dios, reconocerle, su sabiduría, sus caminos y sus designios para nuestra vida. No haga nada, mientras resiste con paciencia. Esa es la clase de fe que el Espíritu produce en nuestra vida.

Ana tenía paciencia. Semejante a Sara, Ana estaba recibiendo la persecución y la provocación diarias. Como aprendimos en el capítulo 4, la adversaria de Ana era Penina, la otra mujer de su esposo y «su rival la irritaba... cada año» (1 S. 1:6-7). Sin embargo, Ana tenía paciencia. Puede estar segura de que tenía las mismas ideas, sentimientos y deseos que Sara, pero Ana controló dichas emociones de manera santa. Ella acudió al templo del Señor y oró (v. 10), contándole sobre la provocación y su dolor (v. 16).

Ana nos da un ejemplo santo para soportar el maltrato. No debemos luchar como respuesta ni perder nuestro control. Al contrario, debemos volvernos a Dios, escondernos en Él y vestirnos con su manto de paciencia. Cuando nos sentimos confrontadas, sólo Dios puede ayudarnos a no hacer nada y resistir con paciencia. Es una lucha, pero debemos frenar nuestros deseos naturales y carnales de combatir, y en su lugar sacar de la fuente inagotable de Dios toda la paciencia que necesitamos. Entonces el Espíritu Santo mostrará la gloria de su paciencia, permitiéndonos que no hagamos nada.

Esperar por el juez

Una tarde, mientras enseñaba acerca del fruto del Espíritu, hablé a mi clase sobre cómo crecer en la gracia de la paciencia de Dios. Animé a mis estudiantes a que se acordaran de esperar al Juez. Permítame que le explique.

En un pasaje alentador escrito a un grupo de cristianos pobres y oprimidos, el apóstol Santiago ruega a dichos santos «tened paciencia hasta la venida del Señor» (Stg. 5:7). Él les dice «tened también vosotros paciencia, y afirmad vuestros corazones; porque la venida del Señor se acerca» (v. 8). Luego dice: «he aquí, el juez está delante de la puerta» (v. 9). Tres veces habla Santiago de la venida del Señor y del hecho de que Él está cerca, a la puerta. ¿De qué modo se supone que esta información animase a estos santos perplejos y a nosotras?

Ante todo, la promesa del regreso de nuestro Señor da gran esperanza a nuestros adoloridos corazones, pues cuando Él llegue las cosas cambiarán (Ap. 21:3-4). La opresión llegará a su fin: nuestro sufrimiento a manos de terceros terminará. Con la constante alabanza y adoración, también disfrutaremos de la continua presencia de Jesús. No sólo eso, sino que el Señor nos recompensará por la obediencia que mostramos a lo largo de nuestra vida (Ap. 22:12). También se vengará de nuestros enemigos, juzgándolos adecuadamente y corrigiendo los abusos. Todo será puesto en su sitio cuando Cristo el Juez haga justicia y reivindique a los justos.

Esta imagen de un juez hace que el llamamiento de Santiago a que tengamos paciencia nos resulte más fácil de aceptar y poner en práctica. Es la imagen de un juez itinerante del Antiguo Testamento como Samuel, quien anualmente recorría su circuito, juzgando los asuntos del pueblo (1 S. 7:16).[26] El único problema de esto era que el pueblo tenía que esperar hasta que Samuel apareciese en su aldea para resolver los asuntos entre ellos. Mientras tanto –posiblemente hasta un año–, ellos tenían que coexistir entre disputas e injusticias.

Al igual que esas personas esperaban, debemos coexistir con disputas e injusticias por resolver hasta que nuestro Señor, el Juez, llegue para resolverlas. Debemos continuar viviendo con nuestros adversarios y soportar el maltrato de las personas difíciles, mientras tanto que ponemos en práctica el dominio propio («tened paciencia» [Stg. 5:7, 8]). No hemos de compadecernos de nosotras mismas (v. 8), ni quejarnos (v. 9). No hemos de juzgar, contender, criticar, chismorrear, ni encontrar faltas. Mientras esperamos somos responsables de una cosa: mostrar una conducta semejante a la de Cristo. El Juez es responsable de todo lo demás.

Con la imagen anterior en su mente, pregúntese: «¿Puedo esperar?» Santiago dice que puede. Así que escoja a la persona que en su vida le haya causado más dolor personal, dolor de hace tiempo o dolor relacionado con lo que le esté pasando ahora mismo. Ante el Señor, el Juez, seleccione a la persona que es hostil, mala o malagradecida, que le ignora, insulta, calumnia o bloquea su progreso. Luego, por medio de la oración y por la gracia de Dios y su ayuda, resista todo deseo de vengarse o de castigar a esa persona, y en lugar de eso no haga nada. Con paciencia no haga nada mientras espera al Juez.

Cosas que hacer hoy para crecer en la paciencia

- Adiéstrese en el sufrimiento prolongado. Proverbios 19:11 da la siguiente instrucción: «La cordura del hombre detiene su furor, y su honra es pasar por alto la ofensa.» Es decir, aprenda a controlar su ira.

- Alargue su tiempo de resistencia. ¿Cuánto tiempo puede esperar? Bien, pues alargue un poco ese período. ¿Cuántas veces puede esperar? Haga que sean unas cuantas veces más la próxima vez. Aquí es donde entra en juego la oración.

- Elimine las oportunidades para pecar. Como dice Pablo: «no proveáis para los deseos de la carne» (Ro. 13:14). Proverbios de nuevo nos instruye que: «Honra es del hombre dejar la contienda; mas todo insensato se envolverá en ella» (20:3).

- Siga el ejemplo de Jesucristo. Nadie ha soportado más maltrato que Jesús. Pero Él permaneció absolutamente libre de pecado bajo el más injusto de los tratos: «el cual no hizo pecado, ni se halló engaño en su boca; quien cuando le maldecían, no respondía con maldición; cuando padecía, no amenazaba» (1 P. 2:22-23). Guarde la respuesta de Él en su corazón y trate de elevar sus propias respuestas a un nivel de santidad más alto.

- Ore. Era el método de Jesús para soportar su sufrimiento: «encomendaba la causa al que juzga justamente» (1 P. 2:23). Cuando otros le hieren, vuelva su alma adolorida hacia el cielo y permita que Dios alivie su dolor mientras usted no hace nada. Permítale llenarse de su paciencia mientras soporta el dolor, sin venganza y para el bien de quienes le hieren. Después de todo, fue mediante las heridas de Jesús que fuimos sanadas (v. 24). Él sufrió por nuestro bien. Y se nos llama a hacer lo mismo: a tener paciencia con los demás por el bien de ellos. No existe privilegio más digno para nosotras como cristianas.

Planificar para la benignidad

«El fruto del Espíritu es... benignidad»
Gálatas 5:22

$\mathcal{M}$ientras tocábamos el timbre de la puerta, ninguna de nosotras se imaginaba lo que nos esperaba al otro lado de la puerta. Mi amiga Judy y yo habíamos manejado 45 minutos a través de las colinas que delinean el valle de San Francisco hasta la casa de otra amiga que daba una fiesta de despedida de novia. Pero la puerta la abrió otra persona que explicó que el padre de la anfitriona había fallecido hacía sólo 30 minutos y que ésta se había marchado al hospital.

Pasmadas, nos unimos para orar por nuestra amiga y todo lo que estaba afrontando en ese momento. Tras la acción de orar, era hora de entrar en acción en la cocina. A medida que las muchas invitadas comenzaron a llegar, Judy y yo ofrecimos ayuda de urgencia durante esta crisis. Más tarde esa mañana cuando la combinación desayuno-almuerzo ya estaba servido, Judy se movió entre las mujeres preguntando si necesitaban algo, dándole unas palmaditas en el hombro y asegurándose de que todas estuvieran cómodas. Con gracia, Judy charló con cada mujer a medida que llevaba la cafetera por la sala, volviendo a llenar las tazas y retirando los platos. Una invitada que se autodenominaba «atea» dijo en tono despectivo cuando Judy no podía oírla: «Ella es demasiado amable.»

Desde esa mañana, he pensado mucho en esas palabras: «Ella es demasiado amable.» Lo que Judy hizo por todas nosotras –incluso por una atea– fue poner en práctica la be-

nignidad, el siguiente parte del fruto del Espíritu. Judy dio
ejemplo de la gracia y del ministerio de la benignidad no sólo
a estas mujeres, sino a mí también. Como verá pronto, el cumplido más alto que un cristiano puede recibir es que lo des-
criban como «demasiado amable». Cuando la gente dice eso
de nosotras, ¡podemos saber que verdaderamente estamos
mostrando el fruto del Espíritu!

Nuestro llamamiento a la benignidad

En esta sección estamos aprendiendo sobre las acciones de
la paciencia, la benignidad y la bondad en nuestro trato con
personas en nuestra vida. A medida que nos relacionamos
con otras personas todos los días y experimentamos cualquier dolor que nos puedan infligir, debemos tener paciencia y no hacer nada pecaminoso ni dañino cuando nos
provoquen. Esta respuesta santa se logra al inclinarnos en
oración y pedirle a Dios que nos llene de su paciencia. ¡Sólo
Él puede ayudarnos a no hacer nada! Después de haber orado por paciencia, es hora de moverse, entrar en acción, le-
vantarse y hacer algo. Y ese «algo» es la benignidad, el
siguiente don de gracia en la lista del Señor: «el fruto del
Espíritu es... benignidad» (Gá. 5:22).

Tal como nuestro Señor es benigno, a nosotras sus servi-
doras se nos llama a ser benignas. Aunque el fruto de la benignidad nace en nuestra vida a medida que andamos en el
Espíritu, ese andar implica el demostrar varios mandamientos que se nos da en la Palabra de Dios. Uno de dichos
mandamientos aparece en un pasaje de las Escrituras que el
erudito William Barclay titula: «Las cosas que deben desaparecer de la vida»[1] (Ef. 4:25-32). En estos versículos, el apóstol
Pablo advierte a los cristianos contra la conducta que entris-
tece al Espíritu Santo (v. 30) y que causa dolor al corazón de
Dios.[2] Esta conducta incluye varias formas de maldad (amargura, ira, enfado, clamor y maledicencia), las cuales deben
desaparecer de nuestra vida. En su lugar, se nos llama a «sed
benignos unos con otros» (v. 32). Una traducción de la Biblia
dice de forma directa: «Dejad de ser malos... [y] en su lugar,
sed amables unos con otros.» Nuestra benignidad es realmente una acción que complace a Dios.

Otro llamamiento a la benignidad se nos hace en Colosenses 3:12. Aquí Dios nos dice: «Vestíos... de benignidad.» Como una de las virtudes cristianas básicas, la benignidad ayuda a regir las relaciones humanas. Por lo tanto, uno de los vestidos de la gracia cristiana que debemos ponernos en todas la relaciones es el de la benignidad. ¡Qué bello que la benignidad caracterice nuestra vida y nuestras acciones!

Dios hace otro llamamiento a la benignidad en 2 Timoteo 2:24. Aquí el apóstol Pablo nos dice a los creyentes cómo actuar con quienes no son cristianos: «Porque el siervo del Señor no debe ser contencioso, sino amable para con todos.» La benignidad ha sido un elemento importante en el testimonio cristiano desde los primeros siglos. Como señala un misionero: «[Históricamente] los cristianos han sido conocidos por su amor e interés por los demás y ... algunas de las evidencias más rotundas proceden no de las bocas de los cristianos mismos sino de los críticos de la cristiandad... [que estaba] preocupada de que... [la cristiandad había] avanzado especialmente a través de [su] servicio amoroso prestado a desconocidos.»[3]

Deténgase un momento para reflexionar conmigo sobre el encargo de Dios a ser benignas con todos. ¿Se considera amable? ¿Está tratando de «dejar de ser mala» y en su lugar vestirse con un corazón compasivo y benigno hacia todos los demás? ¿Está tratando de complacer a Dios con su benignidad en vez de entristecer al Espíritu Santo con cualquier falta de bondad? A medida que se prepara espiritualmente cada mañana, ¿elige ponerse el vestido de benignidad? Andar en el Espíritu significa andar en el camino de la benignidad.[4]

Definición de la benignidad

Habiendo reconocido nuestro llamamiento a ser benignas, nuestra próxima preocupación es comprenderla mejor. La benignidad ha sido definida como ternura[5] e interés por los demás.[6] Es la virtud de la persona para la que el bien de su prójimo es tan importante como el suyo propio.[7] La benignidad es también una disposición a la dulzura[8] y un asunto del corazón. La gracia de la benignidad de Dios debería dominar a la persona por completo, enterneciendo todo lo que pudiera ser duro.[9]

Mi propia definición de la benignidad –que me sirve inmensamente para cultivar y practicar este espíritu de interés por los demás– es la benignidad planifica hacer algo. Mientras que la paciencia significa no hacer nada pecaminoso a la vez que se resiste (véase el capítulo 4), la benignidad planifica actuar. La benignidad, al igual que las demás gracias, desea la acción santa y por lo tanto planifica dichas acciones. Primero somos llenadas con la paciencia de Dios: nos arrodillamos humildemente en oración para evitar perder una gota de ella por hacer algo duro o como reacción. Ahora, actuando como consecuencia del amor y llenas de la benignidad de Dios al igual que de su paciencia, nos levantamos y vamos en busca de oportunidades para hacer algo. Mientras que la paciencia es el lado pasivo del amor (no hacer nada cuando se nos provoca), la benignidad se mueve activamente, preparándose para la acción de la bondad (que veremos en el capítulo siguiente). La benignidad busca, curiosea y pregunta: «¿Quién necesita amor? ¿Cómo puedo aminorar la carga de alguien? ¿Cómo puedo afectar a una persona?»

Aprender de lo opuesto

Aprendemos más sobre la benignidad cuando observamos lo opuesto. Ciertas conductas son señal de que no estamos andando en el Espíritu ni practicando la gracia de la benignidad y una de dichas luces rojas es discutir. En 2 Timoteo 2:24, Pablo dice que «el siervo del Señor no debe ser contencioso, sino amable para con todos». Por lo tanto, cuando rivalizamos y contendemos, discutimos o nos molestamos por cualquier cosa, podemos estar seguras de que esta conducta «no es la que desciende de lo alto» (Stg. 3:15), sino que procede de nuestra propia carne. Gálatas 5:20 enumera enemistades, pleitos y disensiones entre las obras de la carne.

¡Se imagina el hogar, la oficina o la iglesia sin ninguna discusión! Imagínese si esa misma energía que la contienda, las rivalidades y las discusiones consumen se canalizara hacia la benignidad. ¿Qué tendríamos que hacer para que ocurriera así? Amar a los demás más que a nosotras mismas. Preocuparnos de la comodidad y del bienestar de los demás más que del nuestro. Estimar a los demás como superiores a nosotras mismas (Fil. 2:3). La sola decisión de evitar las disputas es un gran paso hacia dicha benignidad. Yo le pido a Dios que me ayude. ¿Hará usted lo mismo?

En Mateo 11:28-30 comprendemos mejor la benignidad por medio de otros dos opuestos. Al expresarles palabras de consuelo a sus seguidores, Jesús hace una invitación amorosa: «Venid a mí todos los que estáis trabajados y cargados, y yo os haré descansar. Llevad mi yugo sobre vosotros, y aprended de mí, que soy manso y humilde de corazón; y hallaréis descanso para vuestras almas; porque mi yugo es fácil, y ligera mi carga.» Un yugo era una estructura de madera que se colocaba sobre los hombros de una persona para facilitarle llevar una carga. Sin embargo, si la carga estaba mal distribuida o era simplemente muy pesada, el yugo comenzaba a rozar e irritar la piel y cansar a la persona. Aquí Jesús compara su yugo y la carga que Él pide que lleven sus seguidores con el yugo de tratar de guardar todas las reglas impuestas a los judíos por los maestros de Israel y Él dice que su yugo es «fácil», que es la misma palabra que «benigno». Un erudito, por tanto, traduce el versículo: «Mi yugo es benignamente.»[10]

Lo vívido de esta imagen mental me obligó a hacerme algunas preguntas difíciles sobre mis relaciones con los demás. Quizás a usted le gustaría hacer lo mismo. Por ejemplo, ¿cómo resulta compartir el yugo conmigo en casa, en el trabajo, en un proyecto o en el ministerio? ¿Resulto útil a quienes me rodean, soy una persona que no irrita a otras? ¿Soy una persona con la que puede sentirse cómoda y soy amable, alguien que hace que a los demás les resulte más fácil llevar sus cargas? ¿O resulto una carga adicional a la que tienen que cargar los demás, al hacer que el yugo irrite y roce, y que les sea más difícil cargar con el peso porque están sujetos a una mujer dura, reñidora y fastidiosa? ¿Irrito, rozo y canso a los demás con mi forma de ser y la falta de benignidad? Tener benignidad significa hacerle la vida más fácil a los demás –no más difícil– tal como Jesús nos la hace a usted y a mí.

Cultivar la benignidad

El libro al que recurro todas las mañanas durante la oración tiene un pensamiento subyugante que me ha ayudado a crecer en la gracia de la benignidad y espero que le ayude a usted. Todas las semanas, me instruye a orar por «un amor y una compasión más profundos hacia los demás». Siempre que veo dichas palabras, me hacen sentir humilde al examinar mi corazón y mi alma. Este llamamiento a la oración siempre me hace darme cuenta de cuánto más necesito esta cualidad divina en mi vida. Quizás los siguientes aspectos de la benignidad pueden darle más ideas para la oración y la aplicación a medida que continúa creciendo en santidad y cultiva el fruto de la benignidad. Los siguientes pensamientos me han ayudado de veras a comprender la función de la benignidad.

1. *El interesarse por los demás es parte de la benignidad*. Cuando realmente nos preocupamos por las personas, nos hallamos prestando atención a las circunstancias de sus vidas y ocupándonos por su bienestar. Nos involucramos en sus vidas. A medida que crecemos en amor hacia otra persona, los detalles de la vida de dicha persona se convierten en importantes para nosotras. Comienza a importarnos si están tristes o desanimadas, en lucha o en dolor, necesitadas o solas. Y lo sé por mí misma que dicha preocupación no llega tan fácilmente en lo que se refiere a las personas difíciles de mi vida.

Pero he descubierto que la oración es una forma segura de nutrir el interés por quienes me causan dolor. Si obedeciésemos la instrucción de Jesús de «orar por los que os calumnian» (Lc. 6:28), cambios sorprendentes ocurrirían en nuestro corazón. Para comenzar, el compromiso de orar nos hace involucrarnos vital y espiritualmente en las vidas de las personas por las que oramos. Mediante la oración, Dios también transforma nuestro corazón y nuestra mente al suavizar nuestra aspereza y derretir nuestro egoísmo en interés por otros seres humanos, incluso nuestros enemigos.

Al igual que el orar, nuestra decisión de preocuparnos por los demás también cambia nuestras relaciones. Esto lo sabía

una profesora universitaria cuando le dio una tarea poco
común a sus alumnos de último curso. Ella dijo: «Seleccione
a la persona de la ciudad universitaria que más le desagra-
de. Cada día durante el próximo mes trate de realizar algún
acto de benignidad hacia esa persona.» Un estudiante informó: «Hacia finales del mes mi desagrado hacia [la persona
seleccionada] había quedado remplazada por una creciente
compasión y comprensión.... [Esta tarea] me ayudó a ver
detalles sobre mí misma, mi falta de amistad, mi carencia de
compasión, mi forma de juzgar sin primero tratar de comprender las causas del comportamiento que me disgustaba.»[11]
El preocuparse de los demás realmente dispersa la enemis-
tad, la falta de compasión y el espíritu prejuiciado. Pidamos
a Dios la gracia para ayudarnos (como sugiere mi guía de
oración) a tener un amor y una compasión más profundos
hacia los demás.

2. *El pensar es una parte de la benignidad.* Una señal segura
de que estamos creciendo en nuestra preocupación por las
personas es comenzar a pensar en los demás y en el estado
de sus vidas. Nos hallaremos mirando a la gente y pensando: ¿Qué es lo que la ayudaría? ¿Qué es lo que le ayudaría a
él? ¿Qué necesita? Nos hallaremos preguntándole a Dios:
¿Cómo puedo servir a esta persona? ¿Cómo puedo hacerle
más fácil la vida? ¿Cómo puedo alcanzar su vida, aligerarle
la carga? Como estamos aprendiendo, la benignidad planifica hacer algo y eso conlleva una cierta cantidad de pensamiento y oración ante Dios. David nos da un ejemplo.
Cuando se convirtió en rey de Israel, David preguntó: «¿Ha
quedado alguno de la casa de Saúl, a quien haga yo misericordia ...?» (2 S. 9:1). Él pensaba en cómo demostrar misericordia a los herederos del rey anterior. ¿Puede usted pensar
en alguien a quien mostrarle misericordia?

El terreno más formidable de adiestramiento sobre cómo
pensar en el bienestar de los demás es dentro de nuestros
propios hogares. Mi amiga Ann ha pensado en miles de formas de mostrar misericordia a su familia. Una forma
involucra un bello plato rojo que tiene letras doradas con las
palabras: «¡Eres especia!» Parte de su gozo como esposa y

madre es mostrar sencillas amabilidades a un miembro de la familia desanimado como ¡poner el cubierto de esa persona en la mesa con su plato rojo especial!

Pida a Dios que le dé un corazón amoroso y una mente creativa a medida que comienza a mirar a su alrededor para ver las necesidades de las personas de su hogar, su vecindario, su lugar de trabajo y su iglesia. ¡Hay personas heridas por todas partes! El doctor William Bede McGrath, un miembro de la Asociación Norteamericana de Psiquiatría, informa lo siguiente: «El noventa por ciento de todas las enfermedades mentales que llegan ante mí podrían haberse prevenido o podrían todavía curarse mediante la simple amabilidad.»[12] «¿Qué se le ocurre hacer hoy que pudiera alcanzar la vida de otra persona con benignidad?

3. *El darse cuenta es parte de la benignidad.* El darse cuenta de las necesidades de otras personas es otra forma de poner en práctica la benignidad. Todo lo que tenemos que hacer es usar la capacidad de observación que Dios nos ha dado: «El oído que oye, y el ojo que ve, ambas cosas igualmente ha hecho Jehová» (Pr. 20:12). Podemos observar y escuchar siempre a quienes están a nuestro alrededor. De hecho, esta es una de las formas en que Dios se interesa de nosotros: «Porque los ojos del Señor están sobre los justos, y sus oídos atentos a sus oraciones» (1 P. 3:12). Podemos interesarnos por otras personas de la misma forma en que Dios se interesa por nosotros a prestarles atención y estar al tanto de las necesidades de la gente.

La madre de un evangelista era una persona tan amable y observadora: «Un día él la encontró sentada en la mesa con un viejo vagabundo. Al parecer había ido de compras, se encontró con el vagabundo y lo invitó a casa a comer una comida caliente. Durante la conversación, el vagabundo dijo: "¡Ojalá hubieran más personas como usted en el mundo!" A lo que la madre respondió: 'Ah, ¡las hay! Pero usted debe buscarlas." El viejo hombre solamente meneó la cabeza diciendo: "Pero señora yo no necesité buscarla. ¡Usted me buscó a mí!"»[13] Cuando comenzamos a darnos cuenta de los demás, pronto conoceremos sus deseos y necesidades como lo hizo esta amable y bondadosa mujer.

En el Antiguo Testamento, la sunamita también era una mujer que se daba cuenta de las cosas. Ella se percató de que Eliseo, el profeta, a menudo pasaba por delante de su casa sin lugar donde alojarse o comer (2 R. 4:8-10). La misericordia entró en acción: «le invitaba insistentemente a que comiese; y cuando él pasaba por allí, venía a la casa de ella a comer» (v. 8). A medida que se interesaba, pronto se percató de que no tenía lugar para alojarse. Actuando según su interés, ella le dijo a su esposo: «te ruego que hagamos un pequeño aposento de paredes, y pongamos allí cama, mesa, silla y candelero, para que cuando él viniere a nosotros, se quede en él» (v. 10). Los ojos de esta mujer estaban abiertos y también lo estaba su corazón. En su benignidad, se dio cuenta de las necesidades de Eliseo.

Otra mujer de la Biblia que se daba cuenta de las necesidades de la gente era Dorcas. Se la describe que «abundaba en buenas obras y en limosnas que hacía» (Hch. 9:36), entre ellas coser túnicas y vestidos para las viudas (v. 39). ¿Qué había visto Dorcas con sus ojos y escuchado con sus oídos? Ella se había dado cuenta de que las viudas necesitaban ropa, y ella actuó.

Por supuesto que Jesús, «la bondad de Dios» encarnada (Tit. 3:4), siempre se daba cuenta de las necesidades de la gente que lo rodeaba. En los evangelios se nos relata cómo se conmovía con compasión cuando veía a la hambrienta multitud. Él conocía la necesidad de ellos y quería darles de comer (Lc. 9:13). En su bondadoso corazón había una reprimenda para sus discípulos quienes querían «despedirlos» (v. 12). Mientras que Jesús se interesaba y se preocupaba, los doce menospreciaban a la gente y sus necesidades. Mientras que Jesús se conmovía de compasión, ellos consideraban una molestia a la gente. ¡Que por la gracia seamos como Cristo!

En su libro *Disciplines of the Beautiful Woman* [Las disciplinas de la mujer hermosa], Anne Ortlund escribe sobre una «mujer hawaiana que temprano todos los domingos por la mañana ensartaba un número de monedas, pero para nadie en particular. Luego iba a la iglesia y oraba: «'Señor, ¿quién necesita hoy mis monedas? ¿Una persona nueva? ¿Alguien desanimado? Dirígeme a las personas adecuadas.'»[14] Esta es una imagen de bondad: una persona llena del amor de Dios que sale en busca; la bondad planificando hacer algo; la bondad manteniendo los ojos abiertos y prestando atención a los demás; la bondad buscando a los necesitados. Podemos practicar una bondad semejante cuando nos enrolamos para la ayuda de Dios.

4. *El contacto es una parte de la bondad.* Al practicar el don de la bondad, es útil pensar como si se tratara del tierno contacto del interés y la compasión. En la fiesta de despedida de novia de la que hablé antes, los gestos de bondad de Judy incluían el tocar a las mujeres mientras las servía y cuidaba de ellas. Cuando ministramos a otros con tierna bondad, el contacto es algo que damos casi instintivamente a aquellos por los que nos interesamos. Podemos ser como el apóstol Pablo que escribió que fue «tiernos entre [los tesalonicenses], como la nodriza que cuida con ternura a sus propios hijos» (1 Ts. 2:7). Verdaderamente, el cuidado de una madre amamantando a su bebé es una imagen de ternura pura y suave.

Nuestro Salvador también mostró tierna benignidad tierna cuando sostenía a los niños en sus brazos. Cuando los padres «le presentaban niños para que los tocase» (Mr. 10:13), los discípulos los reprendían (v. 13). Me los imagino que decían: «¡Largo, saquen de aquí a esos niños! No molesten al Maestro. Esto es trabajo del Reino.» Pero después de reprender a sus discípulos la falta de benignidad de ellos, Jesús «tomándolos [a los niños] en los brazos, poniendo las manos sobre ellos, los bendecía» (v. 16).

Jesús era amable y tierno. Siempre tocaba a las personas que atendía. Él se detuvo y tocó el féretro del único hijo de la viuda (Lc. 7:12-15). Él puso las manos sobre la espalda encorvada de una mujer enferma (Lc. 13:10-13). Él extendió la mano y tocó a un hombre «lleno de lepra» (Lc. 5:12-13). Él tocó los ojos de un ciego (Mt. 20:29-34). La ley prohibía estas acciones de tocar porque convertían a un hombre en impuro e incapacitado para la adoración. A pesar de esto, Jesús hizo el contacto y el milagro se realizó. En el momento en que Él tocaba a los que sufrían, quedaban sanos, limpios y por lo tanto, mantuvo su propia pureza ante los ojos de la ley.

Como el jardinero cultiva la tierra que rodea sus flores para mejorar el estado y la belleza de ellas, usted y yo podemos crecer en la gracia de benignidad de Dios al cultivar la tierra de nuestro corazón. En oración, podemos pedir constantemente a Dios que obre en nuestro corazón para ayudarnos a interesarnos, pensar, percibir y tocar a las personas que Él pone en nuestra vida. A medida que apagamos y renunciamos a nuestras emociones y a nuestros pensamientos poco amables acerca de los demás, y en su lugar nos rindamos al deseo de Dios de benignidad por parte nuestra, podremos entonces –a través del poder del Espíritu Santo– poner en práctica la benignidad. El rendirnos a los caminos de Dios de esta manera transformará cada uno de los actos de benignidad en una flor que Dios podrá usar para hacer un ramo espiritual de bondad divina.

Ser «demasiado amable»

Ahora que hemos examinado el corazón y las acciones de la benignidad, podemos ponernos en camino a ser «demasiado amables». Hoy día puede sonar poco atractivo, pero el ser «demasiado amable» es exactamente lo que conlleva la benignidad. Cuando se redactó la carta a los gálatas cerca del año 50 d.C., el nombre común para un esclavo de *Chrestos* procedía de la raíz de la palabra griega que significa benignidad. Los paganos del primer siglo, que confundían este nombre común con el no muy familiar *Christos* de Jesucristo, comenzaron a llamar a los cristianos con el apodo que significaba «santitos»,[15] que quiere decir lo mismo se «demasiado amable». Quienes servimos a Dios somos verdaderamente amables.

De mi amiga Judy se decía que era «demasiado amable». ¿Por qué? Porque era amable, porque servía como un «Chrestos», porque se interesaba, pensaba, percibía y tocaba, y porque es una «Christos», una especie de Cristo. La benignidad de Judy debería ser una meta para cada una de nosotras a medida que continuamos creciendo en esta gracia divina. Como un profesor de la Biblia ha exhortado: «Necesitamos cultivar creatividad en la benignidad, hacernos especialistas en el arte de aplicar el amor cristiano a los corazones y a las vidas de quienes entran en contacto con nosotras durante las muchas actividades y relaciones de la vida.»[16] ¿Cuáles son algunas de las cosas que podríamos hacer para cultivar dicho arte? Tengo algunas ideas.

Cosas que hacer hoy para crecer en benignidad

Como he señalado, este segundo trío del fruto del Espíritu –la paciencia, la benignidad y la bondad– tiene que ver con nuestro trato hacia los demás. El orden de esta enumeración implica que la benignidad es el siguiente paso que debemos tomar después de poner en practica la paciencia cuando nos hacen mal. Mi respuesta natural después de que alguien me ha herido es reaccionar y decidir: «Bien, te borro de mi lista. No tengo que soportar ese tipo de trato. A partir de ahora no te daré mi cariño.» Pero como hemos estado aprendiendo, en momentos como estos son precisamente cuando necesitamos tener victoria espiritual y por el contrario ser amable. La benignidad sobrenatural requiere que Dios obre en nuestro corazón, que el Espíritu nos llene del fruto de la benignidad.

Así que, como lo hizo antes, escoja a la persona problemática número uno y llévela ante Dios en oración. También lleve ante Dios su dolor, sus pensamientos duros, sus tentaciones de responder de forma no cristiana y confiese las veces que se ha dejado llevar por esos pensamientos o tentaciones. Reconozca su falta de benignidad así como las veces en que ha evitado ser amable. Luego vaya un paso más allá y pida a Dios que le ayude a mostrar su benignidad a la persona que le hirió, que le causó el dolor, que le hace sufrir, que le está haciendo la vida insoportable. Mientras está sufriendo y esperando pacientemente bajo malos tratos, sea amable. El amor es sufrido y al mismo tiempo es benigno (1 Co. 13:4).

Una amiga mía me dio un calendario pequeño y cada día vuelvo una hoja y leo una frase maravillosamente alentadora. Un día la página del calendario decía: «La benignidad es la capacidad de amar a las personas más de lo que se merecen.» ¿Podemos hacer eso? Dios dice que podemos y su Espíritu nos ayuda.

- Ore por sus enemigos, los que le tratan mal y la utilizan (Lc. 6:28). Descubrirá que no puede odiar a una persona por la que está orando. Tampoco puede descuidar a esa persona. ¡Inténtelo! ¡Descubrirá que estas declaraciones son ciertas! La oración y el odio no se llevan bien juntos. Ni tampoco la oración y el descuido.

- Pase tiempo con Dios y reconozca cualquier mal sentimiento que tenga hacia cualquier persona o grupo de personas. Pida que la gracia de Dios la ayude a demostrarles a esas personas la benignidad del Espíritu.

- Pida a Dios que le ayude a ser conocida como alguien que consuela y no como alguien que confronta.

- Escudriñe la vida de Jesús en busca de más ejemplos de benignidad y luego siga sus pisadas (1 P. 2:21). Lleve un diario de esas ocasiones en que Él mostró la benignidad a medida que las va descubriendo. Considere las circunstancias que rodeaban esos momentos.

- Comience a hacer el esfuerzo en su casa de poner en acción el mandamiento de Dios de ser benigna con los demás (Ef. 4:32). ¿Qué necesita su esposo? ¿Sus hijos? ¿Qué les haría la vida más fácil?

- Ore que Dios llene de su compasión el corazón de usted.

CAPÍTULO OCHO

Dar con bondad

«El fruto del Espíritu es... bondad.»
Gálatas 5:22

$\mathcal{Y}$a tarde una noche me fui a la cama con un libro, esperando poder lograr mi objetivo de cada noche de leer por lo menos cinco minutos antes de apagar la lámpara. Había sido otro día ajetreado y me sentía rendida, pero iba a intentar durar los cinco minutos. El libro que tenía en las manos era un tesoro que había encontrado esa mañana en la librería. Todo el día había estado saboreando la idea de abrir esta pequeña delicia. Sólo había un ejemplar en la estantería de la tienda y el título me llamó la atención y picó mi curiosidad: «Personas a las que su fe les ocasionó problemas.»[1] Había llegado la hora finalmente, ¡si pudiera permanecer despierta! Al comenzar a leer este libro, subtitulado «Historias de un discipulado costoso», las primeras palabras del primer capítulo me llamaron tanto la atención que leí mucho más que de costumbre. Esto es lo que leí:

> El sonido de cascos a medianoche –hombres a caballo galopeando en el patio– y el estruendo de las armaduras a medida que los soldados rodeaban la casa despiertan al anciano. Dos oficiales bajaron de sus caballos y golpearon la puerta de madera con el extremo de sus lanzas.
>
> Las criadas en camisones desaliñados corren esca-

leras arriba y urgen al fugitivo canoso que se escon-
da debajo de la cama, en un armario ... en cualquier
lugar. Sin embargo, él las hace guardar silencio, se
pone un manto sobre sus hombros frágiles, baja las
escaleras, abre la puerta e invita a que entren a los
hombres que habían venido a arrestarle.

Él le da instrucciones a las criadas: «Rápidamente,
preparen comida caliente y algo para beber. ¿No pueden ver que estos hombres han cabalgado mucho esta
noche? Ellos necesitan descanso; dadles lo mejor que
haya en la casa.»

Confundidos ante tal inesperada recepción, los oficiales entran en la sala y se amontonan alrededor de
un brasero de carbón de bronce sobre el suelo.

Mientras calientan sus manos entumecidas por la
fría noche del 22 de febrero de 166, Policarpo, el antiguo obispo de Esmirna realiza todo tipo de esfuerzo
para asegurarse de que sus huéspedes estén cómo-
dos. Él sirve personalmente a los oficiales y a los soldados por igual de los platos calientes que han
preparado sus criadas.[2]

¡Menudo ejemplo poderoso de bondad cristiana! Van a la
caza de un hombre, un hombre que pronto experimentaría la
muerte por ejecución en una estaca ardiente, estaba mostrando amor hacia sus perseguidores. Dicho hombre exhibía el
fruto del Espíritu: la *paciencia* le permitía recibir cortésmente
a sus apresadores, la benignidad pensaba en sus necesidades
y la bondad llevó a cabo el cometido. Sirviéndoles él mismo,
el hombre al que llevarían a la muerte satisfizo las necesidades de quienes lo llevaban a la muerte. La historia de Policarpo
ofrece un vívido ejemplo del fruto del Espíritu en acción.

Repasar nuestro progreso

Hasta este punto de la sección de este libro, hemos examinado dos de las gracias que crecen en el jardín de Dios y que
nos ayudan en nuestras relaciones con la gente. La paciencia
es como una semilla escondida bajo la superficie, germinan-
do allí, incubando la vida silenciosa y lentamente. La *pacien-*

cia espera silenciosamente en la tierra oscura, fuera de la vista, sin hacer nada (al parecer). Este dulce fruto de la paciencia hace posible que la benignidad y la bondad se desarrollen.

La benignidad brota de la semilla de la paciencia en las profundidades oscuras de los ratos privados con Dios. Retoñando pequeños hilos de raíz que pronto desarrollarán un sistema de raíces completo y la parte reconocible del tallo, la benignidad, estira su cabeza hacia arriba en miras al cielo, hacia Dios, deseando desligarse y hacer algo. Por último, los deseos de la benignidad se forman completamente y la energía de un corazón lleno de la benignidad de Dios permite que la planta atraviese la tierra.

Ahora vemos a la bondad empujar su cabeza y atravesar la tierra dura y encostrada de nuestro corazón, de los corazones de los hombres, del mal del mundo y florece con obras. Al maravillarnos ante este fruto, a menudo sembrados con el dolor y las lesiones que hemos sufrido en manos de otras personas, podemos detenernos y alabar a nuestro Padre celestial por su sabiduría al saber cómo producir hermosura en nuestra vida, cómo extraer belleza de las cenizas (Is. 61:3), cómo superar el mal con el bien (Ro. 12:21) y cómo transformar una gran pena en una gran bendición.

Sólo nuestro bondadoso Dios sabe cómo hacer que crezcamos más semejantes a Él. Al igual que un jardín se diseña de acuerdo con un plan, Dios diseña la vida suya y la mía según un plan. Él usa a las personas, los acontecimientos y las circunstancias de nuestra vida para guiarnos por la senda de la santidad. Él nos guía paso por paso. Al caminar con Él –al escuchar su voz, al humillarnos en oración, al seguir sus pasos y al imitar a su amado Hijo– mostramos su gloria al dar el fruto de gracia que sólo Él puede formar. Al estudiar estos frutos, hemos aprendido los deseos de Dios para nosotras como sus hijas: Dios quiere que nos parezcamos a Él, que seamos como Él. Una de las formas en que debemos ser como Él es dando el fruto de la bondad.

Cómo ser bondadoso

Acercarnos a Dios para que su Espíritu pueda dar el fruto de la bondad en nuestro interior puede resultar más fácil si comprendemos tres aspectos de la definición bíblica de la bondad espiritual, aspectos que tienen relación con nuestra conducta para con los demás.

1. *La verdadera bondad tiene un origen espiritual*. La Biblia nos revela que Dios es bondadoso (Sal. 33:5; Neh. 9:25, 35). Ciertamente, de tapa a tapa, la Biblia nos cuenta la historia de la gentil bondad de Dios. Un erudito define esta «bondad» como «la suma de todos los atributos de Dios ... expresando la suprema benevolencia, santidad y excelencia del carácter divino».[3] Como hijos de Dios, podemos exhibir dicha bondad, una bondad que es completamente justa y que aborrece el mal.[4] ¡Qué privilegio más bendito representarle a Él!

La Biblia también nos muestra que la bondad de Dios es lo contrario de la malicia de los hombres.[5] Y nuestra malicia, como mencioné en el primer capítulo, es la razón por la que necesitamos la ayuda espiritual de Dios. En primer lugar, nuestro pecado hace que la bondad humana resulte imposible. Como escribe el apóstol Pablo en la carta a los romanos: «No hay justo, ni aun uno... no hay quien haga lo bueno, no hay ni siquiera uno» (Ro. 3:10, 12). En segundo lugar, necesitamos la ayuda de Dios debido a nuestra carne. El apóstol Pablo nos describe con precisión la lucha que existe en cada ser humano –la guerra con la carne– cuando él llora con desesperación: «Yo sé que en mí, esto es, en mi carne, no mora el bien» (Ro. 7:18; véanse también el versículo 15 y los anteriores).

Por causa de nuestro pecado y nuestra carne, necesitamos la gracia de Dios y el poder del Espíritu para exhibir el fruto de la bondad. Cualquier y toda bondad –bondad genuina– debe tener a Dios en la formula. La bondad pura tiene origen espiritual.

2. *La bondad es activa*. Como aprendimos en el capítulo anterior, para nuestro propósito de comprender cada gracia, la benignidad significa planificar hacer algo por los demás. La bondad ahora entra en acción. La bondad de carácter conduce naturalmente a la bondad en hechos. Como cristianas tenemos al Espíritu Santo de Dios residiendo en nuestro in-

terior (1 Co. 6:19). Dios dentro de nosotras y su presencia con nosotras produce su bondad en nosotras, lo que tiene como resultado una benevolencia activa,[6] actividades amables hacia terceros,[7] y excelencia moral y espiritual que se conoce por su dulzura y benignidad activa.[8] ¡No me viene a la mente nada que pueda glorificar más a Dios!

3. *La bondad es una disposición a hacer el bien*. Además de ser activa, la bondad se dedica a ayudar a los demás a vivir bien.[9] Es una cualidad que se rige y tiene como objetivo lo que es bueno,[10] una disposición a hacer el bien.[11] Ciertamente, la bondad está a alerta, preparada y en espera para hacer el bien.

Nuestro mundo, nuestras iglesias y nuestros hogares necesitan personas que sean activamente amables; personas que salen por la puerta cada día listas para hacer el bien, no que sólo piensan y oran sobre ello; personas dedicadas a mejorar la vida de los demás. El intentar definir la bondad me sirve para comprender que ¡la bondad hace de todo! La bondad hará todo lo que puede para colmar a los demás de la bondad de Dios. La bondad pone en práctica los maravillosos pensamientos de benignidad, pensamientos que tuvimos mientras orábamos, nos interesábamos, percibíamos y planificábamos actuar. La bondad marca el paso de las buenas intenciones para servir activamente a los demás. Juan Wesley comprendía este principio y lo convirtió en una regla para su vida: «Haz todo el bien que puedas, por todos los medios que puedas, de todas las formas que puedas, en todos los lugares que puedas, en todo momento que puedas, a todas las personas que puedas, durante todo el tiempo que puedas.»

Cómo andar en bondad

Permítame mostrarle cómo funciona la bondad de Dios en sí misma. La presencia del Espíritu Santo dentro de nosotras debería cambiar la forma en que vivimos y cómo tratamos a los demás. Por eso Dios nos llama a que «andemos en vida nueva» (Ro. 6:4); «andéis como es digno de la vocación con que fuisteis llamados» (Ef. 4:1); «andad en amor» (Ef. 5:2); «andad como hijos de luz» (Ef. 5:8); «andad en él» (Col. 2:6); «anduvieseis como es digno de Dios, que os llamó» (1 Ts.

2:12); «debe andar como él anduvo» (1 Jn. 2:6); y «andad en
el Espíritu» (Gá. 5:16).

Caminar con Dios requiere que hagamos una multitud de
decisiones. Como un compañero de viaje señala: «La vida del
Espíritu incluye bondad y la bondad no ocurre naturalmente; siempre requiere una decisión.»[12] Y nuestras relaciones con
otros, especialmente con los que nos hieren, el escenario en
que practicamos la paciencia, la benignidad y la bondad, también requieren tomar decisiones. Una elección que podemos
hacer cuando alguien nos hiere es caminar en la paciencia y
no hacer nada. Luego, habiendo tomado esta determinación
(el no estallar, no enviar a nadie a paseo, no sucumbir a la
ira, no luchar , no vengarse), podemos dirigirnos hacia la siguiente elección –la elección de la bondad– y planear hacer
algo, planifica hacer actos de bondad.

¿Observa cómo se libera la gracia de Dios a medida que
usted y yo andamos en el Espíritu y cómo se produce milagro tras milagro en nuestra vida? El primer milagro: En lugar de una explosión de ira u odio, amor en la forma de
paciencia puesto en práctica. El segundo milagro: El corazón
cambia el deseo natural de vengarse por el deseo sobrenatural para el bien de los demás y ora: «¿Qué puedo hacer para
amar a esta persona por el bien de Cristo?»Y el tercer milagro: *La bondad hace cualquier cosa*. La bondad pone en acción
el amor, lleva a cabo nuestros planes de benignidad y trans-
mite a otros el amor de Dios.

Esta clase de vida –caracterizada por la paciencia, la benignidad y la bondad de Dios– es caminar en el Espíritu. Este
tipo de vida que supera al mal con el bien (Ro. 12:21), no
devuelve mal por mal, ni maldición por maldición, sino por
el contrario bendice (1 P. 3:9). ¡Este tipo de vida es vivir
santamente porque sólo Dios en nosotras puede hacer esto!

Recuerde que el fruto es suyo. Lo produce su gracia y lo
glorifica a Él. Se nos instruye que «alumbre [nuestra] luz
delante de los hombres, para que vean [nuestras] buenas
obras, y glorifiquen a [nuestro] Padre que está en los cielos»
(Mt. 5:16). Sin embargo, la determinación de «[presentarnos
nosotras mismas] a Dios como [vivas] de entre los muertos,
y [nuestros] miembros a Dios como instrumentos de justi-

cia» y de «[no presentar nuestros] miembros al pecado como instrumentos de iniquidad» (Ro. 6:13) es nuestra. Esta elección es el centro de nuestra batalla constante entre la carne y el Espíritu (Gá. 5:17). Debemos hacer el esfuerzo de tomar las decisiones correctas. Debemos volvernos hacia Dios en busca de su ayuda para ganar la victoria sobre el pecado. Entonces nuestra vida verdaderamente le aportará gloria a medida que el fruto de Dios crece en nuestro jardín de la gracia y se exhibe para el deleite de todos.

Elegir la bondad

Algunas de las mujeres de mi clase de estudio bíblico se percataron de las elecciones que tenían que tomar en su andar con Dios. A Susana, por ejemplo, sus vecinos que no son cristianos la habían herido y la despreciaban abiertamente por ser cristiana. Ella me contó su plan de acción: «Tengo una meta. No importa lo que hagan o digan al pasar, he decidido que les voy a responder con bondad, e insistir que mis hijos hagan lo mismo. Vamos a ser ejemplos de Cristo. ¡Y ya está comenzando a surtir efecto! La madre ha comenzado a sonreír y a decir «hola» y espero que el padre lo haga pronto.»

Ana también estaba herida, pero por las mujeres cristianas de su estudio bíblico. ¿Qué hizo ella? ¿Cómo lo afrontó? ¿Cómo respondió? «Opté por no sentirme herida al no ser invitada a salir con ellas. Elegí no sentir amargura ni resentimiento. Sólo necesito mostrar mi amor por ellas.»

Y luego está María, quien a diario afronta un jefe hostil, perseguidor, una persona a la que ella describe como maleducado y áspero. Su situación en el trabajo la condujo a una decisión espiritual: Ella podría reaccionar de manera no santa o responder con santidad. Ella escribe: «Tuve que elegir: responderle de la misma forma en que me trataba o mostrarle la benignidad y la bondad del Señor.»

Ejemplos como los anteriores no tienen fin, las decisiones tampoco, pero estoy segura que estos poco ejemplos hacen que usted tenga una idea de cómo andar en bondad. Ese caminar requiere la toma de muchas decisiones por parte nuestra a medida que constantemente miramos a Dios y le preguntamos: «¿Qué es correcto hacer?»

Reconocer la bondad como una tarea de Dios

Siempre que he tenido un puesto de trabajo, he tenido tareas por escrito. Puesto que las responsabilidades estaban por escrito, sabía lo que se esperaba de mí. Cuando no estaba segura, podía sacar la descripción, leerla de nuevo y encontrar las instrucciones para mí. Como creyentes, usted y yo también tenemos una tarea por escrito. Dios ha puesto en su Palabra exactamente lo que desea de nosotras. Y la bondad, aparte de ser fruto del Espíritu, también es algo que espera de nosotras como cristianas. Ciertamente, se nos instruye muchas veces en las Santas Escrituras a hacer buenas obras. Es una tarea encomendada por Dios.

Piense en Efesios 2:8-10, que para mí es un resumen que transforma nuestra descripción de trabajo porque me mostró tanto mi responsabilidad de crecer en buenas obras como la gracia de Dios en hacer que sea posible: «Porque somos hechura suya, [creadas] en Cristo Jesús para buenas obras, las cuales Dios preparó de antemano para que anduviésemos en ellas» (v. 10). Dios ha ordenado que llevemos una vida dedicada a las buenas obras, pero este pasaje enseña que sólo nuestra salvación hace posible el cumplir con este propósito. ¿Y cómo se logra dicha salvación? ¡«No por obras» (v. 9)! Nuestras obras no tienen nada que ver con nuestra salvación. C. H. Spurgeon una vez comentó que sería mejor que tratásemos de navegar por el Océano Atlántico en un barquito de papel que tratar de ganar el cielo con las buenas obras. Las buenas obras no tienen como resultado nuestra salvación, «porque por gracia [somos salvas] por medio de la fe; y esto no de [nosotras], pues es don de Dios» (Ef. 2:8); y esa gracia nos da el poder para las buenas obras. Es decir, las buenas obras no pueden salvarnos, pero las buenas obras tarde o temprano acompañan a la salvación.[13]

Otra sección de la tarea que Dios nos encomienda como miembros de la «familia de la fe» se encuentra en Gálatas 6:10. Dios expresa su deseo de que hagamos buenas obras a todos, no solamente a otros cristianos, sino también a quienes no lo son: «hagamos bien a todos, y mayormente a los de la familia de la fe». Como el doctor Chuck Swindoll reconoce, no siempre sentiremos deseos de hacer bien: «Nuestra ten-

dencia [cuando nos hieren] será a todo menos a [hacer bien].
En lugar de hacer bien, tendremos deseos de hacer mal.
Hechar humo. Decir palabrotas. Gritar. Pelear. Enfu-
rruñarnos. Irritarnos. Quemar todo tipo de energía emotiva.
En lugar de pasar por esa rutina desgastada, tranquilícese y
conscientemente entréguelo todo al Señor. Hagamos bien.»[14]
Hacer bien a todos es una orden difícil, pero el Señor se de-
leita ayudándonos a cumplirla.

Otra causa de nuestra descripción de trabajo –y una de mis
fórmulas favoritas en cuanto a las relaciones entre personas–
se encuentra en Lucas 6:27-28. Estos versículos revelan la
regla de Jesús para amar dentro de nuestras relaciones
difíciles. Él dice: «Amad a vuestros enemigos, haced bien a
los que os aborrecen; bendecid a los que os maldicen, y orad
por los que os calumnian.» Hemos de amar a quienes nos
causan dolor mediante la respuesta personal de hacer bien,
la respuesta pública de bendecir y la respuesta privada de
orar.

Abraham Lincoln era capaz de hacer eso mismo, tal como
revela el siguiente relato que ofrece detalles de su amor por
un hombre malo y ofensivo llamado Stanton. El pasaje muestra que Lincoln sabía cómo amar a sus enemigos tal como
Jesús dijo.

> Nadie trató a Lincoln con más desprecio que Stanton.
> Él lo llamaba «payaso astuto de baja clase», le apodó
> «el gorila original» y dijo que [uno estaba loco] de dar
> vueltas por África intentando capturar un gorila
> cuando podría haber encontrado fácilmente uno en
> Springfield, Illinois. Lincoln no dijo nada. Él nombró
> a Stanton como su ministro de guerra porque era el
> mejor hombre para el puesto y lo trató con toda cor-
> tesía. Los años pasaron. Llegó la noche en que la bala
> del asesino mató a Lincoln mientras estaba en el tea-
> tro. En la pequeña sala donde llevaron el cuerpo del
> Presidente estaba también el mismo Stanton, con la
> mirada fija en la cara silenciosa de Lincoln, y dijo:
> «Ahí yace el mejor gobernante de hombres que jamás
> haya visto el mundo.»[15]

Al igual que Jesús nos encomendó, y tanto Él como Lincoln nos dieron ejemplo, no debería existir ninguna persona a la que nos neguemos a amar. En cualquier y cada uno de los casos, hemos de amar por igual a los amigos como a los enemigos con nuestros actos de bondad. Gracias a Dios que Él puede ayudarnos a cumplir dicha tarea llenándonos con su bondad para que tengamos su bondad a fin de extendérsela a los demás.

Cómo poner en acción la bondad

Todos los días tenemos una variedad de oportunidades de decidir ser bondadosos. Muchas de ellas proceden de nuestros varios papeles como mujeres, solteras o casadas. De hecho, encuentro alentador el notar las muchas veces que Dios especifica la bondad y las buenas obras como el gran llamamiento para las mujeres.

Las mujeres deben aprender a ser bondadosas. En Tito 2:5, Pablo de nuevo usa la palabra griega para la bondad que aparece en el Nuevo Testamento pero no en escritos seculares. El sabio y experimentado apóstol Pablo escribe al nuevo pastor Tito sobre cómo ministrar a la variedad de santos de su congregación. Pablo le dice a Tito que se asegure de que las mujeres jóvenes son enseñadas y alentadas por otras mujeres a «ser ... buenas» (Tit. 2:5). Las mujeres más jóvenes deben aprender de las palabras y las vidas de mujeres mayores sobre la importancia de hacer bien «para que la palabra de Dios no sea blasfemada» (Tit. 2:5).

Aquí tenemos algunas instrucciones para las relaciones cotidianas de la vida familiar. Pablo le dice a las mujeres mayores que alienten a las mujeres jóvenes a amar a sus esposos y a sus hijos (v. 4) y por implicación, dicho amor debería extenderse a los esclavos o sirvientes del hogar así como a los miembros de la iglesia. Las mujeres de Dios deben mostrar bondad espiritual «mientras realizan sus tareas dentro de la familia... [y de] cuidar de que la constante tensión de los deberes domésticos [no] las haga irritables ni crueles. Deben pedir en oración gracia para permanecer siendo amables [y buenas]».[16] ¡Esto es un buen consejo!

Las mujeres deben enseñar bondad. Una vez que una mujer joven ha aprendido la bondad de las ancianas, que ha crecido en la santa virtud de la bondad y que ha madurado en edad, ella debe adoptar la función de maestra y pasar lo que ha aprendido a través de los años. Tito no debía enseñar a las mujeres sobre sus funciones. Al contrario, él debía hacer que las ancianas enseñasen el bien y animaran a las mujeres jóvenes a ser buenas (Tit. 2:3-5). Usted y yo podemos, y deberíamos, usar todo lo que hemos aprendido para ayudar a otras mujeres a crecer en el jardín de gracia de Dios.

Las mujeres deben dedicarse a la bondad. En 1 Timoteo 5, Pablo describe a aquellas viudas de las que la iglesia debería cuidar económicamente: «Sea puesta en la lista [para recibir apoyo económico] sólo la viuda ... que tenga testimonio de buenas obras» (vv. 9-10). ¿Cuáles eran algunas de estas buenas obras? Pablo escribe: «que haya sido esposa de un solo marido ... si ha criado hijos; si ha practicado la hospitalidad; si ha lavado los pies de los santos; si ha socorrido a los afligidos; si ha practicado toda buena obra» (vv. 9-10). El metro para medir la bondad de las viudas –y también la nuestra– comenzaba en el hogar. Ellas «debían haber sido esposas fieles, madres sabias, buenas anfitrionas y buenas benefactoras».[17] Le pido a Dios que nunca pasemos por alto la importancia de lo que ocurre dentro de nuestro hogar con las personas que viven allí, así como con quienes entran por sus puertas.

Las mujeres deben adornarse de bondad. En 1 Timoteo 2:9-10, al abordar el apóstol Pablo el lugar de las mujeres dentro de la iglesia, él escribe que el deseo de Dios en cuanto a las mujeres es que se atavíen «con buenas obras, como corresponde a mujeres que profesan piedad» (v. 10). Al hablar de mujeres cristianas, un erudito escribe sobre «dicha belleza de personalidad resultado de una beneficencia activa. Las buenas obras ... crean el adorno espiritual que es la gloria verdadera de la mujer cristiana».[18] Otro comentarista expresa: «El hacer buenas obras... [es uno de] los frutos del carácter transformado por el Espíritu Santo.»[19]

El que las buenas obras deberían ser un atavío para una mujer sugiere una vida de devoción abnegada hacia los demás, un atavío que depende no de lo que se pone encima, sino del servicio amoroso que ella da.[20] Claramente, Dios quiere que nuestras buenas obras sean nuestros principales atavíos. Es lo que Dios quiere que noten los demás en nosotras; no nuestra vestimenta ni nuestras joyas. Estas buenas obras, hechos abnegados y acciones sacrificadas reflejarán la gracia de Dios obrando en nuestro interior.

Disfrutar con los ejemplos de bondad

A medida que pasamos las páginas de nuestra Biblia, hallamos muchos ejemplos de bondad. Piense en los santos siguientes:

- Dorcas era una mujer que «abundaba en buenas obras» hacia las viudas (Hch. 9:36). En su bondad, ella se percataba de sus necesidades y en su bondad, actuaba y les hacía vestidos (v. 39).
- La mujer sunamita, en su bondad, se dio cuenta de que Eliseo pasaba por su pueblo. Luego, en su bondad, ella entró en acción. Además de proveerle comida, hizo construir una habitación encima de su casa para que Eliseo pudiera hospedarse allí cada vez que pasara por allí (2 R. 4:8-10).
- Cuando Rebeca, la futura esposa de Isaac, llegó al pozo del pueblo para sacar agua, ella vio a un anciano cansado que acababa de realizar un viaje de más de 800 km.[21] En su bondad, ella se percató de lo cansado que estaba tras su largo trayecto y reconoció sus necesidades. En su bondad, ella sacó agua y también les dio de beber a sus 10 camellos. Ella prosiguió sus observaciones con acciones. Ella hizo todo lo que se le ocurrió para facilitarle la vida al siervo y satisfacer sus necesidades (Gn. 24:15-20).
- El mismo día en que se convirtió a Cristo tras oír hablar al apóstol Pablo, Lidia, en su bondad, se percató de que Pablo y sus acompañantes no tenían donde alojarse. Así que actúo en su naciente bondad e insistió: «Si

habéis juzgado que yo sea fiel al Señor, entrad en mi casa, y posad» (Hch. 16:15). Ella les proveyó y satisfizo sus necesidades.

- Marta nos ofrece un ejemplo negativo. Ella hizo todas las acciones de bondad, pero ella las hizo sin paciencia ni benignidad ni bondad. Marta cruzó la raya hacia las obras de la carne. En nuestro capítulo sobre la paz, la vimos quejarse y descontrolarse. «Marta la bocona» que acusa, culpa y calumnia (Lc. 10:38-42). Ella llevaba a cabo los deseos de la carne en lugar de andar en el Espíritu (Gá. 5:16). Marta sirve como señal de advertencia, mostrándonos lo fácil que resulta dejar de hacer algo bueno. La paciencia del Espíritu y la benignidad deben estar presentes si vamos a actuar bondadosamente.

Aprender de la bondad de Jesús

Por supuesto que Jesús nos proporciona el ejemplo supremo de cada gracia del fruto. La Palabra de Dios muestra paciencia, benignidad, bondad, todas ellas en Jesús. En Lucas 9:51-56, por ejemplo, nuestro Señor se dirigía con determinación hacia la cruz. Él «afirmó su rostro para ir a Jerusalén» (v. 51) donde sabía que moriría por los pecados de la humanidad. Jesús había enviado a varios de sus discípulos por adelantado para que realizaran los preparativos de su estancia en una aldea samaritana (v. 52), «mas no le recibieron» (v. 53). Los samaritanos, por los que Jesús iba a morir, le dijeron: «Vete de aquí. No te queremos.»[22]

Este problema es común. Jesús –el amor de Dios en carne humana– se dirigió hacia Jerusalén para demostrar, con sangre, su amor hacia los pecadores. Y estos samaritanos se negaban incluso a acogerlo en su pueblo por una noche. Observe la reacción de los discípulos: «Señor, ¿quieres que mandemos que descienda fuego del cielo... y los consuma?» (Lc. 9:54). Pero ¿cuál fue la respuesta del Señor? ¿Qué pensó de la sugerencia de los discípulos? «Volviéndose él, los reprendió, diciendo: Vosotros no sabéis de qué espíritu sois; porque el Hijo del Hombre no ha venido para perder las almas de los hombres, sino para salvarlas» (vv. 55-56), y los llevó a otra aldea.

Jesús era la paciencia en acción. Él era al que habían rechazado, no a los discípulos, y Él definitivamente podía vengarse por sí mismo, pero eligió no hacerlo. Él también era la benignidad personificada: Quería lo mejor para aquellos samaritanos. Por último, Él era la bondad en carne mientras se trasladaba a Jerusalén para morir por la misma gente –los samaritanos y nosotros– que lo habían rechazado. Los discípulos, sin embargo, no tenían paciencia: Ellos querían venganza, represalias, la oportunidad de devolver el golpe. Ellos no poseían benignidad; querían que los samaritanos fueran castigados. Tampoco poseían bondad; querían destruir a los samaritanos al mandar que descendiera fuego y los eliminara.

¡Con qué frecuencia hemos tomado el mismo enfoque que los discípulos confundidos, orgullosos, alocados tomaron y hemos respondido con antagonismo! ¡Es tan fácil, tan natural, nos hace sentir tan bien, tan satisfechas, tan justas! Cuando nos sentimos heridas, rechazadas, maltratadas o humilladas, necesitamos hacer que la paciencia que demostró Jesús sea nuestra primera acción, y no hacer nada. Esta elección, que podemos hacer sólo por la gracia de Dios, nos da tiempo para orar y reflexionar sobre la forma de responder de Dios a quienes nos causan dolor. Dicha determinación de no hacer nada también nos da tiempo para planificar hechos de benignidad para que luego podamos continuar con acciones santas de bondad. Cada asalto que nos hacen nos da una oportunidad de poner en práctica nuestra santidad tal como Dios nos dirige y permite.

Crecer en bondad

Oswald Chambers escribe: «El carácter cristiano no se expresa mediante las buenas obras, sino mediante la semejanza con Dios. No es suficiente hacer bien, hacer lo correcto. Debemos tener nuestra bondad sellada por la imagen y el sobrescrito de Dios. Es sobrenatural por dentro y por fuera.»[23] Estas palabras nos hacen un recordatorio sano de que nuestra meta es crecer en santidad, no solamente hacer las obras. Pida el sello de Dios en su vida a medida que trata de cultivar la bondad de las formas siguientes. Después de todo, somos las portadoras del fruto, pero es el fruto de Dios que nace a través de nosotras cuando andamos obedientemente en su camino.

- Confiese cualquier pensamiento o hecho que no sea amable ni bueno. Agustín escribió: «La confesión de las malas obras es el comienzo de las buenas obras.»[24]
- Tome la iniciativa para satisfacer las necesidades específicas de otros. Después de todo, «amar significa actuar».[25]
- Olvídese de su propia comodidad: «Cuando Dios obra en el creyente, éste desea ser bueno y hacer bien... Se hace bastante claro que la buena vida no es la comodidad sino la santidad.»[26]
- Promocione la felicidad de los demás: «La benignidad es un desear sinceramente la felicidad de los demás; la bondad es la actividad calculada para promocionar la felicidad de los demás.»[27]

Cosas que hacer hoy para crecer en bondad

Al llegar al final de nuestra sección sobre el cultivo de las acciones de gracia, quiero que piense de nuevo en la persona que representa el mayor reto para usted, la que más dolor le causa. Y ahora le urjo –habiéndose arrodillado ante Dios en oración y habiendo sido llenada de su paciencia y su benignidad– que derrame estas cualidades de amor sobre la persona que le hiere tan profundamente. Extiéndale toda la bondad que pueda imaginar y ayúdela. Ponga en acción los pensamientos benignos y haga todo lo que Dios le traiga a la mente que haga por esa persona. Actúe según la gracia de Dios y muestre su gloria.

CAPÍTULO NUEVE

Observar las acciones de gracia de Jesús

$\mathcal{N}$uestro dueño y maestro, Jesucristo, demostró perfectamente las acciones de gracia de santidad que hemos estado observando. Se nos dio ejemplo al final del capítulo 5, donde vimos orar a Jesús en el huerto de Getsemaní. Era hora de que Jesús muriese por los pecados de la humanidad. En su condición humana, Jesús necesitaba acudir ante su omnisciente Padre y aceptar esa terrible tarea. Resistiendo todos los deseos humanos y carnales de rebelarse, dejarse cundir por el pánico, volverse atrás o desesperarse, Jesús por el contrario se inclinó en oración sobre el pecho de su Padre. Tras un tiempo de oración intensa y ferviente, Jesús aceptó los acontecimientos que iban a producirse, «acalló su Espíritu»,[1] y se levantó lleno del amor, el gozo y la paz de Dios. Fortificado tras un tiempo de oración y habiéndose «preparado completamente a sí mismo»,[2] Jesús reunió a sus adormecidos discípulos y cruzó deliberadamente la puerta del huerto.

Afrontar a las personas. Jesús sabía que había personas que esperaban al otro lado de la puerta. Los problemas entre las personas siempre formarán parte del reto de vivir la vida cristiana, pero podemos aprender mucho de nuestro Señor, quien incluso en este momento mostró magníficamente la respuesta llena de gracia de Dios hacia la gente. ¿Quiénes estaban esperando a Jesús fuera del huerto?

El traidor

A medida que Él caminó de manera resuelta hacia la entrada del huerto, Jesús dijo: «Ved, se acerca el que me entrega» (Mt. 26:46). Él sabía lo que estaba a punto de suceder y también sabía quién era el instrumento en el proceso: Era Judas. Cómo debió de haberle dolido el corazón a Cristo al mirar a la cara y los ojos de Judas, uno de los doce escogidos para ser el punto principal de su ministerio de enseñanza, liderazgo, provisión y milagros; alguien por quien el Salvador había orado y alimentado a través de la milagrosa multiplicación de los panes y los peces; alguien a quien las manos santas del Salvador le habían lavado los pies; alguien que había escuchado las palabras de vida y verdades de Dios de la misma boca de Él. Pocas personas han disfrutado los privilegios que Judas había tenido cada día en la presencia de nuestro amoroso Jesús.

Sin embargo, Judas permaneció de pie, lleno de la oscuridad del mismísimo infierno y de la maldad de Satanás, un traidor y delator. ¡Menuda la pena y desilusión que debe haber sufrido nuestro Señor! ¡La descorazonada y la tristeza deben haberle hecho sentirse mal! Un amigo, un discípulo, un compañero íntimo, ¡ahora un traidor!

La multitud

Pero Judas no iba solo. Estaba «con él mucha gente con espadas y palos, de parte de los principales sacerdotes y de los ancianos del pueblo» (Mt. 26:47). Incluidos en este grupo que pudo llegar a mil[3] estaban los jefes de la guardia del templo (Lc. 22:52), una compañía de soldados romanos, los principales sacerdotes y los ancianos.[4]

Sí, Jesús tenía que tratar con la gente. Durante las próximas 18 horas, Él afrontaría un sin fin de personas hostiles, gente que lo maltrataría física y verbalmente, gente que le lanzaría no sólo insultos sino también golpes, látigos, bastonazos, con martillos y con lanzas. Todavía por llegar estaba el sumo sacerdote Caifás, los escribas, los ancianos y el sanedrín (Mt. 26:57-60).

¡Y todavía hay más! La lista de enemigos de Jesús sigue:

Pilato, al que se le exigiría la muerte de Jesús (27:2)

Los soldados, que lo desnudarían, escarnecerían, escupirían y azotarían (vv. 28-30).

Los dos ladrones crucificados con Él, uno de los cuales lo insultaría (Lc. 23:39-41).

La multitud, que le lanzaría insultos y menearía la cabeza en forma de burla (Mt. 27:39-40).

Los discípulos, que huirían y dejarían a Jesús más solo todavía (Mt. 26:56).

Ciertamente, las fuerzas del mal se habían reunido con el propósito de arrestar a Jesús y darle muerte.

La respuesta carnal

En cuanto Judas besó a Jesús, sus enemigos «se acercaron y echaron mano a Jesús» (Mt. 26:50). Durante los segundos siguientes, vemos la respuesta carnal de los discípulos de Jesús en agudo contraste a su gentil respuesta de paciencia, benignidad y bondad.

Piense por un minuto en la escena inquietante del arresto de Jesús. Ocurre en medio de la oscuridad de la noche. Posiblemente están involucradas mil personas. Cunde la confusión y el pánico. Las emociones están al rojo vivo a medida que el Salvador del mundo se enfrenta de lleno con el mal.

Durante el calor de la emoción, «uno de los que estaban con Jesús, extendiendo la mano, sacó su espada, e hiriendo a un siervo del sumo sacerdote, le quitó la oreja» (v. 51). Aprendemos por el apóstol Juan que ese «uno» era Pedro (Jn. 18:10). Pedro demostró no tener paciencia. Al contrario, entró en acción. Agarró una espada y la blandió, «¡pero qué golpe más ridículo! ¡Qué parecido a un hombre medio despierto! En lugar de la cabeza sólo le cortó la oreja.»[5] El deseo de Pedro de «acuchillarlos, arrancarlos, machacarlos y matarlos» no tenía nada de bondadosa paciencia. Él tampoco mostró ninguna benignidad; la clase de benignidad de Dios que desea lo mejor para los demás. Al contrario, Pedro hirió a alguien en sus esfuerzos por proteger a su Maestro. Pedro respondió de manera carnal. Él eligió la respuesta fácil. Él reaccionó. Puso en evidencia «las obras de la carne» (Gá. 5:19).

La respuesta divina

Jesús también entró en acción, pero sus acciones llevaban la señal de la gracia sobrenatural. Dese cuenta de cómo su respuesta mostró el fruto del Espíritu Santo.

La respuesta divina de la paciencia. Jesús mostró la paciencia perfecta de Dios. ¿Recuerda la definición de la paciencia del capítulo 6? La paciencia es soportar cuando otros le hacen daño, es interesarse por el bien de los demás, sin vengarse y sin hacer nada. Jesús manifestó cada aspecto de este gentil don. No quería que se hiciese nada como represalia ni como reacción. Él le dijo a Pedro: «Vuelve tu espada a su lugar» (Mt. 26:52). Aunque Jesús podía haberse vengado por sí mismo, Él reprendió la acción de Pedro con una pregunta: «¿Acaso piensas que no puedo ahora orar a mi Padre, y que él no me daría más de doce legiones de ángeles?» (v. 53). En lugar de llamar a 72.000 ángeles, Jesús actuó en perfecta paciencia. No hizo nada y se lo llevaron (v. 57) como cordero al matadero (Is. 53:7).

La respuesta de benignidad divina. ¿Por qué Jesús permitió que se lo llevaran? Debido a su benignidad. La benignidad de Dios se preocupa del bienestar de los demás (incluso el de los enemigos), desea lo mejor para sus vidas y planifica conscientemente el hacer algo por ellos. En benignidad, Jesús «afirmó su rostro para ir a Jerusalén» (Lc. 9:51) en primer lugar. En benignidad, Él había agonizado en oración aquellas tres largas horas. Ahora, actuando con benignidad, fue al encuentro con la multitud en lugar de huir. En su divina bondad, Jesús planificó hacer algo por sus enemigos. ¡Planificó morir por ellos!

La respuesta divina de la bondad. Por último, en bondad, nuestro Salvador entró en acción. La bondad es la benignidad activa, y fluye de un corazón listo para hacer el bien. La

bondad hará todo lo posible para ayudar a otros a vivir bien.
Por lo tanto, ¿qué hizo Jesús? Se volvió hacia el hombre al
que Pedro le había cortado la oreja y «tocando su oreja, le
sanó» (Lc. 22:51). Este hombre era uno de la multitud enemiga. Había venido a arrestar a Jesús, sin embargo, ahora se
encontraba recibiendo la bondad de Jesús. Él experimentó un
milagro de bondad. De hecho, su curación fue el último servicio que realizaría Jesús antes de ser atado. De forma adecuada para nuestro Señor y Salvador, «la última acción de
esa mano, mientras todavía estaba libre, fue de amor, de servicio a los hombres».[6]

Nuestra respuesta

Ciertamente Jesús es el Dios de toda gracia para «hacer que
abunde en vosotros toda gracia, a fin de que, teniendo siempre en todas las cosas todo lo suficiente, abundéis para toda
buena obra» (2 Co. 9:8). Al haber visto la gran bondad de
nuestro Salvador en circunstancias horrendas, ¿cómo podríamos de ahora en adelante atacar a otros? ¿Cómo podríamos
de ahora en adelante ser impacientes con los demás después
de ser testigos de la belleza y de la gentileza de la paciencia
de nuestro Señor para con sus asesinos? ¿Cómo podríamos
de ahora en adelante desear mal para los demás después de
observar la benignidad de nuestro Salvador mientras anda-
ba la ruta solitaria hasta Jerusalén para morir por nosotros?
¿Cómo podríamos de ahora en adelante golpear física o verbalmente a otra persona tras ver el toque sanador de nuestro Salvador hacia un enemigo? Ser como Jesús requiere que
seamos llenas de la gracia de Dios. Para responder a su manera requerirá que miremos hacia Él para «hallar gracia para
el oportuno socorro» (He. 4:16).

Oración por la gracia de Dios

Es en oración, Padre,
que te damos las gracias por las personas en
      nuestra vida
   que nos hacen necesitar tu gracia.
Reconocemos que
   tu paciencia,

tu misericordia y
tu bondad nos permite no hacer nada
dañino, interesarnos verdaderamente y
   demostrar
tu amor hacia los demás.
En nuestro dolor... en nuestras lágrimas... en
   nuestro sufrimiento...
   miramos hacia ti, corazón amoroso, para recibir
   dichas gracias.
Permítenos negarnos a actuar o reaccionar hasta
   que hayamos observado de nuevo las acciones de
   nuestro Salvador, visto su paciencia... su
   benignidad... su bondad. Permite que crezcamos
   en dichas gracias.
En nombre de Jesús, que no vino a ser servido
   sino a servir a los demás...
   incluso hasta el punto de dar Su vida como
   rescate. Amén.

SECCIÓN III

*Cómo crecer en la
aplicación de gracia*

CAPÍTULO DIEZ

Seguir adelante con fidelidad

«El fruto del Espíritu es... fe [fidelidad].»
Gálatas 5:22

En su oficina, mi esposo Jim tiene una secretaria estupenda que mantiene su escritorio ordenado, pero en casa soy yo la que realizo esa tarea. Una tarde, mientras estaba archivando algunos materiales de Jim, un dibujo animado del periódico se salió de la carpeta amarilla. Vestido con un sombrero de papel al estilo de general colonial, y posando de pie al estilo de George Washington encima de una piedra, Pogo profería las famosas palabras: «Hemos conocido al enemigo, y somos nosotros mismos.»

«Hemos conocido al enemigo, y somos nosotros mismos» es exactamente lo que pienso en esas noches al finalizar otro día más que comenzó con tantas buenas intenciones. El desaliento me invade cuando me doy cuenta de que yo también he visto la televisión un promedio de 6,4 horas; he comido alimentos que hacen que una entre en la categoría de «10 kilos de sobrepeso»; y que apenas he tocado la lista de cosas por hacer (¡Ni siquiera puedo encontrarla!); o que no he abierto mi Biblia. Soy verdaderamente mi peor enemiga en lo que se refiere a ser una mujer disciplinada. ¡Cuánto necesito de esa parte del fruto del Espíritu: la templanza!

En este libro hemos estado haciendo un viaje para descubrir el significado de cada elemento del fruto del Espíritu detallado en Gálatas 5:22-23. En primer lugar, mientras aprendíamos sobre el amor, el gozo y la paz, llegamos a comprender que dichas cualidades agradables florecen sólo mediante nuestro sacrificio. El amor surge refulgente cuando nos negamos a nosotros mismos y le ofrecemos a Dios el sacrificio del ego. Al arrodillarnos ante nuestro Dios amoroso, le susurramos en medio del dolor y de las lágrimas que nos causa la situación en nuestra vida: «No se haga mi voluntad, sino la tuya» (Lc. 22:42). El gozo florece en el jardín de nuestra alma desde la dureza de la vida a medida que permitimos que el sacrificio de la alabanza quiebre esa dura corteza. Y la paz abre sus pétalos a medida que nos inclinamos sobre el pecho de Jesús y le ofrecemos el sacrificio de la confianza. Al observar detenidamente estas tres actitudes de santidad, nos damos cuenta de que al presentar nuestras circunstancias ante Dios mediante la oración nos permite recibir sus dones de amor, gozo y paz.

Luego abordamos el reto de tratar a las personas de la manera en que Dios desea, y de la forma en que Jesús lo hizo, al buscar en el Espíritu Santo su paciencia, su amabilidad y su bondad. La paciencia es la suave flor del jardín de la gracia de Dios cuya deslumbrante belleza emerge cuando reconocemos, en silencio, que no debemos hacer nada incluso cuando soportamos un sufrimiento intenso a manos de los demás. La santidad se convierte en una flor abierta a medida que la amabilidad derrite el deseo de reaccionar y las tentaciones para retenernos, y en su lugar impulsarnos a planificar el hacer algo por quienes nos causan dolor de corazón. Las acciones de santidad brillan más intensamente cuando ponemos en acción la bondad de Dios y tratamos, como dice mi definición, de hacerlo todo. Ciertamente vimos la manera semejante a nuestro Salvador que «anduvo haciendo bienes» (Hch. 10:38).

Al haber recibido de Dios –mediante la oración– su paz sobre nuestras circunstancias y su ayuda para poner en buen camino nuestras relaciones con los demás, ahora podemos conquistar la disciplina del ego. Si se avergüenza al pensar en la autodisciplina, quiero que sepa que hay esperanza para satisfacer dicho reto. Está en los tres aspectos finales del fruto del Espíritu que Dios nos da a medida que andamos con Él en fe, benignidad y templanza (Gá. 5:22-23). Estas gracias nos permiten triunfar sobre la debilidad, la impulsividad y la pereza. Con la ayuda y la gracia de Dios, podemos vencer a la indecisión, la testarudez y los deseos malsanos. ¡Agárrese! Puede que sea un viaje fuerte, pero una norma de victoria por el Espíritu de Dios nos aguarda al otro lado. Comencemos con la fe.

Discernimiento acerca de la fe

Es de suma importancia que el don de la fe en Dios forme parte de nuestro carácter como cristianas. Una razón de esa necesidad es que la fe indica la presencia de Dios en nuestra vida. Cuando tenemos fe, demostramos que somos nacidas de Dios y que le pertenecemos. Cuando andamos en fe, mostramos nuestro fiel Salvador a los demás. La fe también es primordial porque, como se ha dicho ya: «El criterio definitivo que Dios usará para juzgarnos no será el éxito sino la fe.»[1] Jesús mostró lo importante de ser fiel en la parábola de los talentos (Mt. 25:14-30). Al usar este relato para enseñar el valor de la obediencia fiel, Jesús alabó a quienes son de confianza y los llamó bueno y fiel (vv. 21, 23). ¿No anhela escuchar estas palabras acerca de usted, especialmente por parte de nuestro Señor? Los cinco discernimientos siguientes pueden ayudarnos a comprender mejor la fe y a motivarnos a seguir cultivando esta gentil característica.

Primer discernimiento: *El Dios de la fidelidad*. Desde la primera página de la Biblia hasta la última, podemos ver que Dios es fiel. Cuando leía en los Salmos esta mañana, me conmovieron de nuevo las siguientes palabras: «De generación en generación haré notoria tu fidelidad con mi boca» (Sal. 89:1). Moisés hizo eso cuando alababa a Dios: «Él es la Roca... Dios de verdad... Es justo y recto» (Dt. 32:4). Como un erudito expresó: «Dios es una Roca... y debería haber algo de roca en nosotros.»[2]

¡Qué consuelo nos da esta verdad sobre la fidelidad de Dios! Cuando nos detenemos para reflexionar sobre la fidelidad de Dios, nuestras almas adoloridas se llenan de fortaleza y hallamos ánimo para ponernos de pie sobre Él, la Roca. Tal como hicieron Jeremías y su pueblo, podemos soportar nuestras pruebas contando con la fidelidad de Dios.

El Nuevo Testamento nos muestra que Jesús también es fiel. Ciertamente su nombre es «Fiel y Verdadero» (Ap. 19:11). ¿Cómo exhibió Jesús su fidelidad? El mejor ejemplo es el siguiente: «se despojó a sí mismo, tomando forma de siervo, hecho semejante a los hombres; y estando en la condición de hombre, se humilló a sí mismo, haciéndose obediente hasta la muerte, y muerte de cruz» (Fil. 2:7-8).[3]

Estas sagradas palabras hacen que me pregunte: ¿Soy fiel en cumplir el propósito de Dios para mi vida, tal como lo fue para mi Señor? ¿Soy fiel en servir a quienes están en mi camino: mi esposo, mis hijos, mi iglesia, mis compañeros de trabajo? ¿Estoy andando humildemente ante Dios para que Él me exalte (1 P. 5:6)? ¿Estoy dispuesta a seguir los pasos de fidelidad y obediencia de Jesús y hacer cualquier sacrificio que requiera la fidelidad, incluso el de la muerte? Cuando pienso en estas preguntas, ¡tan sólo puedo confiar en que Dios conoce los deseos de mi pobre y débil corazón!

Dios es fiel y Jesús es fiel. También sabemos que la Palabra de Dios es fiel. Al anciano apóstol Juan se le instruyó que escribiera sus visiones porque «estas palabras son fieles y verdaderas» (Ap. 21:5). Somos en realidad bendecidas al experimentar eternamente la fidelidad de Dios y la fidelidad de la Biblia. ¿No es maravilloso que nosotras mismas podamos crecer en fidelidad?

Segundo discernimiento: *La naturaleza de la fidelidad*. La fidelidad se define como lealtad, confianza e inmutabilidad.[4] Es característica de la persona de confianza.[5] Se expresa en y a través de la buena fe o confianza amorosa,[6] y se aplica tanto al comportamiento cristiano hacia los hombres como hacia Dios.[7] La fidelidad para con Dios y su voluntad, para con Dios y su Palabra, no excluye sino que incluye la lealtad hacia los demás.[8] La fidelidad es el fundamento que controla y dirige la vida cristiana.[9] La Biblia de Estudio Ryrie (publicada por Editorial Portavoz) añade que la fidelidad significa fiel no sólo en hechos, sino también en palabra.[10]

Este fruto del Espíritu se hace vital para nosotras si observamos que Dios nos llama a que seamos «fieles en todo» (1 Ti. 3:11). La fidelidad es una distinción importante de las mujeres cristianas y una cualidad que Dios utiliza para beneficiar a la Iglesia, el cuerpo de Cristo. Tanto usted como yo hemos tenido experiencias con personas que nos defraudaron. Sabemos por experiencia lo que es sentirse desilusionada, abandonadas con toda la carga cuando contábamos con alguien que nos defraudó. Y nosotras mismas probablemente hemos sido infieles a veces. Estoy segura de que usted como yo, anhela crecer y ser más fiel en todo el sentido de la palabra.

Tercer discernimiento: *Las señales de la fidelidad.* ¿Qué hace la fidelidad? ¿Qué aspecto tiene la fidelidad en acción? Si observa a una mujer que anda en el Espíritu, usted notaría las siguientes señales ideales de fidelidad:

- Lleva a cabo las cosas hasta el final, sin importarle lo que sea que tenga que hacer.
- Se puede contar con ella sin importarle en qué.
- Entrega los bienes, ya sea un mensaje o una comida.
- Ella se manifiesta, incluso temprano, aunque a los demás no le importe.
- Es fiel a su palabra. Su «sí» significa «sí», y su «no» significa «no» (Stg. 5:12).
- Cumple sus compromisos y sus citas, no la encontrará posponiéndolas.
- Realiza transacciones de negocio con éxito al llevar a cabo cualquier instrucción que se le haya dado.
- Realiza sus deberes oficiales en la iglesia y no descuida el culto.
- Es devota a sus deberes, tal como Jesús lo era cuando vino a cumplir la voluntad de su Padre (Jn. 4:34).

En vista de la lista anterior, haga un pequeño inventario de su propia senda cristiana. Permite que los puntos anteriores aumenten su comprensión sobre el fruto de la fidelidad, un fruto que tanto se necesita actualmente en nuestro mundo. Luego pida a Dios su fortaleza para poner manos a la obra y cultivar su fidelidad en la vida de usted.

Cuarto discernimiento: *Los opuestos a la fidelidad*. Un mejor entendimiento de la fidelidad lo encontramos al considerar lo opuesto a ella. ¡Puede que ya haya pensado en algunos! Uno de ellos es *la inconstancia*. Todas hemos conocido a personas que cambian: de ideas, de lealtades, de normas de vida. Algo en su naturaleza es inestable, caprichoso, impulsivo. Nada parece que les importa. Nada parece demasiado importante. Nada parece merecer compromiso.

Otro opuesto a la fidelidad es *la falta de confianza*. Una persona en quien no se puede confiar es la que no realiza lo que se espera de ella, en la que no se puede depender, y a la que no se le puede confiar ninguna responsabilidad. Usted puede depender en el Señor, pero ¿puede Él depender en usted?

Quinto discernimiento: *La esencia de la fidelidad*. Cuando consideré la fidelidad de Dios, los puntos fuertes en la fidelidad, las señales de un cristiano fiel y lo contrario a la fidelidad, elijo como definición propia el eslogan «¡Hazlo!» o, para citar los anuncios de la marca *Nike* : «¡Sencillamente, hazlo!» La fe significa hacerlo, no importa lo que es, hacerlo sin importarnos nuestros sentimientos, el estado de ánimo, ni los deseos. «Si el Señor quiere» (Stg. 4:15).

«¡Hazlo!» se ha convertido en mi grito de guerra mientras lucho diariamente contra mis propias áreas de debilidad. El cansancio encabeza la lista... seguido muy de cerca por la pereza. Pero cuando tomo la decisión para hacerlo y miro hacia Dios para recibir su fuerza y el propósito de hacerlo, Él me da la gracia para obtener la victoria sobre ambos. Observaremos mejor a los enemigos de la fidelidad un poco más adelante, pero por ahora ¿no dejará que el lema «Hazlo» le anime y lo motive hacia mayor fidelidad? Inténtelo durante una hora, un día, una semana. Pienso que le sorprenderá a usted misma (y a otros) al ver crecer en su vida a este fruto duradero gracias a la obra del fiel Espíritu de Dios.

La necesidad de la fidelidad

Comprender la fidelidad es sólo un paso. También debemos darnos cuenta de que la necesitamos. Confieso que cuando suena el despertador todas las mañanas, me siento abrumada por los muchos cargos que debo desempeñar, la multitud de personas a la que necesito servir, y la variedad de funciones que Dios me pide que realice. Usted y yo tenemos muchas tareas de Dios que no podemos cumplir sin la fidelidad. La principal tarea de las mujeres casadas es la función de esposa. Hemos de amar a nuestro marido (Tit. 2:4) y ayudarle (Gn. 2:18), haciendo todo lo que estas dos instrucciones implican ¡durante toda la vida! Si tenemos hijos, hemos de amarlos (Tit. 2:4), y criarlos en disciplina y amonestación del Señor (Ef. 6:4), enseñándoles y adiestrándoles de acuerdo con la Palabra de Dios.

Tanto si estamos casadas como solteras, los deberes y las responsabilidades del hogar requieren un alto nivel de fidelidad. Las tareas domésticas cotidianas requieren fiel diligencia. De hecho, una razón por las que pienso que necesito estudiar a la «mujer virtuosa» del capítulo 31 de Proverbios (vv. 10-31) es para examinar de cerca a una mujer que fielmente lleva a cabo su tarea de ser una administradora del hogar sabia. Tal mujer me inspira en mis propias labores del hogar al mostrarme su variedad de destrezas y la actitud con las que aborda su trabajo.

Como parte de nuestra administración del hogar, también tenemos la obligación de administrar el dinero. De nuevo, Proverbios 31 nos revela la astucia de esta maravillosa mujer y su entendimiento de las finanzas. Ella era definitivamente una ventaja para su hogar, dirigiendo con suavidad el presupuesto de la familia, ahorraba dinero, lo invertía, lo hacía alcanzar, y daba dinero a los pobres y los necesitados. Esta mujer era ciertamente una servidora fiel y digna de confianza (1 Co. 4:2).

Como parte de la administración de mi hogar, tengo la obligación de administrar el escritorio. Mi escritorio me fuerza realmente a obedecer mi adagio «¡Hazlo!» Lo llamo «la disciplina del escritorio» y mentalmente me ato al escritorio muchas horas cada día. Aunque su escritorio o área de trabajo personal pueden no requerir las horas que requiere el mío como escritora, el escritorio sigue siendo el lugar donde se pagan muchas facturas, se escriben cartas; el escenario donde se hacen las listas, se planifica y se programan horarios; y el escenario de proyectos que tanto placer nos aporta. Me reí a carcajadas cuando leí la siguiente anécdota de la vida de Winston Churchill: «Un autor profesional le dijo que no podía escribir a menos que le "viniese" la inspiración. El gran estadista le respondió: "¡No! Enciérrate en tu oficina desde las 9 hasta la 1 y fuérzate a escribir. ¡Anímate a ti mismo! ¡Patéate a ti mismo! Es la única forma".»[11] ¡Esa es otra manera de decir: «¡Hazlo!»" en lo que se refiere al escritorio!

Como cristianas también debemos cuidar de nuestra vida devocional todos los días. Tanto usted como yo deseamos la señal de la frescura de Dios en nuestra vida, y eso sólo se logra al acudir a su Palabra diariamente. Al igual que una planta necesita agua para florecer, necesitamos beber diariamente de la Palabra viva de Dios.

Dios también espera que sus hijos sean fieles en la iglesia. Después de todo, la iglesia es donde hemos de ofrecer el servicio de nuestros dones espirituales para el bien del cuerpo de Cristo (1 Co. 12:7). El servir a Dios exige fidelidad; a Él y a su llamamiento de usar sus dones y servir a su pueblo.

El padre de las misiones modernas, William Carey, fue fiel en su servicio a Dios en la India durante 41 años. Cuando se le preguntó sobre la razón de su éxito como misionero respondió: «Puedo trabajar laboriosamente, puedo perseverar en cualquier ocupación definida. A ello le debo todo.»[12] ¡Imagínase el efecto que podríamos obrar hoy sobre el mundo si tan sólo trabajásemos industriosa y fielmente!

La batalla para ser fieles

Después de pensar en la necesidad de la fidelidad, hice una lista de mis batallas para ser fiel. Cuando observo esa lista, veo claramente que dichas batallas son contra mi carne: «Porque el deseo de la carne es contra el Espíritu, y el del Espíritu es contra la carne; y éstos se oponen entre sí, para que no hagáis lo que quisiereis» (Gá. 5:17). Las buenas noticias son que, a medida que cedemos nuestra carne a Dios y nos dejamos guiar por su Espíritu (Gá. 5:18), podemos andar en santidad, y un aspecto de la santidad es la fidelidad.

El crecimiento en esta gracia divina es una operación de tres pasos. Primero, debemos desear llevar una vida santa que manifieste las gracias del Espíritu Santo. Luego, necesitamos mirar hacia Dios: Su poder desde lo alto está disponible para nosotras, y Él nos lo da generosamente. Por último, debemos obedecer la Palabra de Dios al conducirnos intencionada y confiadamente, fortalecidas y guiadas por Dios. Veamos cómo este proceso de tres pasos puede ayudarnos a ser fieles en algunas batallas específicas.

El cansancio encabeza mi lista. Al hablar con las muchas mujeres que se cruzan en mi camino, ellas también enfrentan esta batalla. El cansancio dice: «No puedo hacerlo.» El cansancio gime: «No puedo hacerlo. No puedo levantarme y mirar cómo está el niño. No puedo ir a la iglesia. No puedo hacer mis deberes. No puedo estudiar. Estoy tan cansada.» En la carne, pensamos y sentimos que no podemos hacerlo. Pero mientras que el cansancio dice: «No puedo hacerlo», la Palabra de Dios dice: «Todo lo puedo en Cristo que me fortalece» (Fil. 4:13). Mi carne y la Palabra de Dios están en oposición directa. Por lo tanto, necesito obedecer el plan de tres pasos. Si deseo ser fiel, mirar hacia Dios en busca de la fortaleza prometida (Fil. 4:13), levantarme y obedecer su dirección, y hacerlo de todas maneras, el cansancio desaparece y la fidelidad toma precedencia. Es mi corazón, pero la fortaleza de Dios lo transforma. Es la fuerza de Dios, pero mi voluntad sometiéndose a Él. Es la voluntad de Dios la que llena e influye en mi voluntad, y el resultado es la aparición en mi vida del fruto de Dios.

La pereza es otra barrera carnal contra la santidad. Mientras que el cansancio es una lucha física, la pereza es mental. La pereza dice: «No tengo ganas de hacerlo.» La pereza se queja: «No quiero limpiar la casa, no quiero cocinar. No quiero participar en un ministerio. No quiero disciplinar a mis hijos. No quiero ir a mi estudio bíblico. Sencillamente no quiero hacerlo.» Pero mientras que la pereza dice: «No quiero hacerlo», la Palabra de Dios señala: «Poned la mira en las cosas de arriba, no en las de la tierra» (Col. 3:2). Dios nos muestra un modo mejor y nos impulsa a cambiar nuestro enfoque: «No mirando nosotros las cosas que se ven, sino las que no se ven; pues las cosas que se ven son temporales, pero las que no se ven son eternas» (2 Co. 4:18). Es decir, necesitamos dejar de mirar hacia nosotras y hacia la gente o el acontecimiento que nos causa el «no quiero hacer» y en vez de eso, mirar directamente al rostro de Jesús. Estoy más motivada a hacerlo –sea lo que sea– cuando recuerdo las palabras de Jesús: «En cuanto lo hicisteis a uno de estos mis hermanos más pequeños, *a mí lo hicisteis*» (Mt. 25:40, cursivas añadidas).

Podemos aprender una valiosa lección de Edith Schaeffer, la esposa del teólogo Frances Schaeffer. Escucha sus pensamientos sobre una vida de servicio a los demás de un capítulo titulado: «El arte olvidado de servir», que refleja la esencia de Mateo 25:40 en cuanto a servir a Jesús.[13]

> ¿Cómo puedo considerar el haberles subido el té, haberles servido el desayuno en la cama o haberlo seguido haciendo esto por años a una diversidad de personas, tanto a mi esposo como a mis hijos? ¿Cómo lo considero? ¿Me siento como una mártir? Permítame decirle cómo lo veo exactamente.
>
> En primer lugar, digo silenciosamente al Señor: «Gracias que hay un modo práctico de servirte el té (o el desayuno en la cama, o lo que sea que esté haciendo por alguien). No habría otro modo de traerte comida o de hacer algo especial por ti. Gracias por expresar tan claramente que cuando hacemos estas cosas dándonos en servicio a los demás, te lo estamos haciendo en realidad a ti.»[14]

Es alentador darse cuenta de que todo lo que hacemos no lo hacemos solamente por las personas, sino por nuestro Salvador. Servir a la gente es una manera fundamental para nosotras de servir a nuestro Señor. Nuestra principal motivación nos la recuerda Colosenses 3:23: «Todo lo que hagáis, hacedlo de corazón, como *para el Señor*, y no para los hombres» (cursivas añadidas).

La desesperanza se asoma por mi lista de barreras carnales contra la fidelidad. La desesperación dice: «Hacerlo no es importante.» Cuando mis hijas estaban en edad preescolar, luché contra este sentimiento. La necesidad de disciplinar y adiestrar a mis hijas era tan constante, tan agotadora, tan exigente y el progreso parecía agonizantemente lento. Sentía la tentación de llegar a la conclusión equivocada de que «hacerlo no es importante». Puedo sentirme de esa forma sobre mis esfuerzos para obedecer los planes de Dios para mí como esposa. Algunas veces cuando me esfuerzo tanto, la discusión, la tensión o la falta de comprensión ocurren de todos modos, y «sencillamente no importa si no lo hago». En ambos casos, he estado tentada a rendirme: «¿Para qué intentarlo?» El temor se infiltra. Temor a fracasar con mis hijas y que no acaben siendo como deseo; temor a fracasar en mi matrimonio y que éste no esté glorificando a Dios como debería. Pero mi deseo de obedecer el plan de Dios me hace mirar hacia el Señor, y Él es siempre fiel en alentarme. «Mira que te mando que te esfuerces y seas valiente; no temas ni desmayes» (Jos. 1:9). Sí, Dios es fiel, y su fidelidad se me hace evidente en las palabras anteriores no sólo cada mañana (Lm. 3:23), sino en el resto del día.

La procrastinación aniquila la fidelidad con su actitud: «Lo haré más tarde.» La procrastinación anuncia: «Me prepararé más tarde para esa clase. Terminaré (o comenzaré) más tarde ese capítulo. Ajustaré más tarde el estado de cuentas del banco. Llamaré más tarde al fontanero. Lo haré más tarde.» Y ¿qué piensa que ocurrirá más tarde? ¿Creo que el frenesí de la vida se va a detener, que aparecerán milagrosamente algunos minutos mágicos, que me vendrán misteriosamente nuevas energías y que me sentiré con ganas de hacer la tarea que estoy aplazando?

Tanto mi esposo Jim y yo procrastinamos. Un día, un catálogo de libros cristianos llegó en el correo y me senté a verlo (una buena excusa para aplazar cualquier otra tarea digna de hacer). Enumerada entre los libros a la venta estaba uno con un título semejante a: «Cómo vencer la procrastinación en 30 días», y el texto del anuncio se jactaba de ejercicios útiles que se podrían realizar a lo largo de un mes. Me sentí entusiasmada. ¡Aquí estaba la ayuda! Pero en lugar de hacer el pedido en el momento, agarré una tarjeta, apunté el título y el autor para que Jim pudiera hacer el pedido en la librería de nuestra iglesia. Bien, Jim lo procrastinó con tanto éxito durante tanto tiempo, que medio año más tarde cuando llegó a pedir el libro, el mismo ya había sido discontinuado. Gracias a los miles de procrastinadores parecidos que procrastinaron hacer el pedido. ¡Cómo necesitamos la fidelidad de nuestro Señor. Si obedecemos los tres pasos de fidelidad, podemos vencer la actitud de «Lo haré más tarde» y ser llenadas con su fidelidad. Por lo tanto, ore por un deseo más intenso de tener este fruto firme y sólido. Levante la vista y mire a Dios en busca de su ayuda. Luego obedezca su Palabra que sabiamente nos impulsa: «Todo lo que te viniere a la mano para hacer, hazlo según tus fuerzas» (Ec. 9:10). ¡Hazlo... sencillamente hazlo... y hazlo ahora mismo!

La racionalización es una perspectiva malvada pero sutil en la vida, el ministerio y la responsabilidad. Ella dice: «Otra persona lo hará.» La racionalización calcula que «otra persona fijará la reunión, otra persona preparará el anuncio, otra persona dirigirá el estudio, otra persona lo hará».El fiel es «fiel en todo» (1 Ti. 3:11), en todo momento, sin importar nada más. Es fiel como servidora en la iglesia, como miembro de un grupo, como persona con una tarea de liderazgo. Es fiel como esposa y madre, al responder de forma positiva, entusiasta y enérgica ante aquellos trabajos asignados por Dios. Es fiel como compañera de dormitorio, dispuesta a hacer su parte del trabajo.

Esta mujer fiel vence los procesos de pensamiento infructuosos que llevan a la racionalización de que «otra persona lo hará». ¿Cómo? Al desear crecer en fidelidad, al mirar hacia el Espíritu de Dios para que Él le proporcione su fidelidad para su debilidad, y al obedecer el llamamiento de Dios a que seamos «fieles en Cristo Jesús» (Ef. 1:1) y «fiel hasta la muerte» (Ap. 2:10). La forma en que hago astillas de la racionalización es muy simple: trato de ser fiel sólo por un día. Mi objetivo cada día es ser capaz de descansar mi cabeza sobre la almohada por la noche y darle las gracias a Dios por ayudarme a ser fiel a las tareas que me dio hoy. ¿Por qué no prueba este ejercicio? Sólo por hoy, cualquiera que sea la responsabilidad que tenga, hágala. Se trata de un método fundamental y práctico para crecer en santidad.

La apatía también se interpone en el camino de la fidelidad. La apatía dice: «No me importa no hacerlo.» La apatía le quita importancia a las cosas: «No me importa si no se lavan los platos. No me importa ser buena madre o esposa. No me importa leer mi Biblia. No me importa crecer. No me importa ser fiel. No me importa hacerlo.» La apatía es un entumecimiento espiritual que se filtra y corrompe lo bueno que Dios tiene pensado para nuestra vida y el bien que quiere que realicemos para Él y su reino. Pero de nuevo existe esperanza contra esta perspectiva mortal a medida que alejamos nuestra mirada de nosotras mismas, y la fijamos en nuestro Padre y su propósito para nuestra vida, a medida que volvemos nuestro deseo hacia el cielo en lugar de hacia nuestro interior, y a medida que seguimos los pasos de Jesús, nuestro Salvador que «no vino para ser servido, sino para servir, y para dar su vida en rescate por muchos» (Mr. 10:45).

Si padece de los efectos debilitantes de la apatía anímate. Comience a recordar que la fidelidad de Jesús logró su salvación. Su fidelidad para morir en la cruz logró la vida eterna de usted. Pídale que le ayude a ser más semejante a Él y que le ayude a cultivar este valioso y necesario fruto.

La rebelión es la actitud que más temor me infunde. La rebelión dice: «¡Me niego a hacerlo!» La rebelión obcecadamente declara: «Me niego a hacer lo que dice la Biblia. Me niego a lavar la ropa. Me niego a hacer lo que me pide mi marido. Me niego a hacer lo que indicó el consejero. Me niego a hacerlo.» La rebelión deberíamos temerla porque, como enseña la Biblia: «El hombre [o la mujer] que reprendido endurece la cerviz, de repente será quebrantado, y no habrá para él medicina» (Pr. 29:1). No existe una actitud de corazón más mortal que la rebelión; ya sea evidente, abierta, expresada o discreta que simple y silenciosamente vive la vida a su manera.

¡Por favor, tómese el pulso ahora mismo! ¿Existe alguna parte de la Palabra de Dios a la que sepa que necesita hacerle caso? ¿Existe algún compartimiento en su alma que no está obedeciendo los caminos de Dios? Le imploro que abandone esos caminos y que en su lugar vuelva su corazón y mire hacia el Señor, pídale que le dé el deseo de ser fiel a su Palabra, y luego siga por el sendero de su obediencia. Ore junto con David: «Examíname, oh Dios, y conoce mi corazón; pruébame y conoce mis pensamientos; y ve si hay en mí camino de perversidad, y guíame en el camino eterno» (Sal. 139:23-24).

¿Se está preguntando dónde puede obtener la fortaleza necesaria para toda esta fidelidad? ¿Dónde puede obtener el deseo? ¿Dónde puede obtener la muy necesitada ayuda? Nuestro magnífico Dios nos ha preparado todo lo que necesitamos para ser fieles a través de su gracia. Él quiere que hagamos lo que hizo David, el pastor-rey de Israel, cuando «se fortaleció en Jehová su Dios» (1 S. 30:6). David repetidamente declaraba: «Jehová es la fortaleza de mi vida» (Sal. 27:1).

Podemos acudir a Dios cuando estamos demasiado cansadas, perezosas, despreocupadas, enfermas o cuando sentimos lástima de nosotras mismas. De hecho, en momentos así es cuando precisamente necesitamos ir en busca de Dios y ser llenas de su fidelidad. Podemos acudir a Él y pedirle que nos llene de su fortaleza. En Él podemos hallar la fortaleza (su fortaleza), la visión (su visión) y por tanto la fidelidad (su fidelidad) para desearlo a Él, mirar en pos de Él y seguirlo. Podemos permitir a Dios que nos ciña con su fortaleza. Él está esperando darnos su fidelidad. ¿No se le acercará ahora mismo?

Mujeres que fueron fieles a Jesús

Podemos hallar una gran fuente de ánimo para ser fieles al observar la extraordinaria fidelidad de las mujeres al lado de la tumba. Esas mujeres habían ministrado a las necesidades del Salvador al servirlo y apoyarlo económicamente en su ministerio (Lc. 8:3). El acto de fidelidad más heroico de ellas, sin embargo, comenzó mientras seguían a Jesús en su último viaje de Galilea a Jerusalén, rumbo a la cruz. Este grupo de mujeres estuvo con Jesús todo el día de su crucifixión y su muerte.

Siempre he admirado a estas mujeres. Piense en cómo sería el último día de la vida de Jesús, ese horrible día que las mujeres pasaron al pie de la cruz. La oscuridad (Lc. 23:44), la agonía del sufrimiento de Jesús, las burlas y las mofas de la multitud, la brutalidad con que azotaron a su Señor, coronado de espinas, y lo clavaron a una cruz. Luego, su costado perforado por una lanza (Jn. 19:34), un terremoto (Mt. 27:51). Parece más de lo que una persona pudiera soportar. Sabemos que los discípulos no pudieron soportarlo. Ellos ya habían negado a su Salvador y habían huido (Mr. 14:50). Pero con fidelidad, este «grupo de mujeres afligidas... permanecieron tan cerca como pudieron para consolar con su presencia a Jesús durante las últimas agonías de la crucifixión» (Lc. 23:49).[15] Si yo hubiese sido una de las mujeres, seguramente me hubiese ido a casa tras todos estos horripilantes acontecimientos, me hubiese tomado tres aspirinas, e ido a la cama.

Pero estas mujeres fieles no. Ellas se quedaron hasta el final. Lucas informa: «las mujeres que le habían seguido desde Galilea, estaban lejos mirando estas cosas» (23:49). Y la fidelidad de ellas no terminó con la muerte de Jesús. Esperaron junto a la cruz para ver qué hacían con el cuerpo y luego le siguieron «y vieron el sepulcro, y cómo fue puesto su cuerpo» (v. 55). Luego, aunque cansadas tras un largo y agonizante día, estas mujeres regresaron a sus casas a realizar dos hechos de fe más. Primero, «prepararon especias aromáticas y ungüentos» para ungir el cuerpo de Jesús (v. 56). Y, de acuerdo con la ley del día de reposo, estos preparativos tuvieron que realizarse antes de la puesta del sol. Luego, ellas pusieron en práctica su fidelidad de otra manera: «descansaron el día de reposo, conforme al mandamiento» (v. 56). Mientras eran fieles a Jesús, también eran fieles a Dios y a su santa ley. Pero todavía no hemos visto el final de su fidelidad. Escuche la historia contada por Marcos:

Cuando pasó el día de reposo, María Magdalena, María la madre de Jacobo, y Salomé, compraron especias aromáticas para ir a ungirle. Y muy de mañana, el

primer día de la semana, vinieron al sepulcro, ya sali-
do el sol. Pero decían entre sí: ¿Quién nos removerá la
piedra de la entrada del sepulcro? (Mr. 16:1-3)

¿Observe las señales de fe en estas mujeres? La lista es larga. Su amado Jesús está muerto, pero no olvidado al ser ellas
amigas fieles, fieles hasta su último aliento y más. Prepararon de antemano los elementos para ungirlo (sin dejarlo para
después). Se levantaron temprano (en lugar de dormir hasta
tarde debido a la pereza, la depresión o el agotamiento). Se
dirigieron hasta la tumba a pesar de saber que una piedra
grande, inmovible había sido colocada delante de la entrada
(sin racionalizaciones ni excusas). Mientras iban de camino,
ellas se preguntaban cómo iban a tener acceso al cuerpo de
Jesús, pero no dejaron que la idea de un obstáculo las disua-
diera. Fueron hasta el sepulcro de todas maneras. Ellas siguieron hasta el final. Fueron temprano. Esa mañana después
del día de reposo, esas mujeres entraron en acción. Ellas «fueron con el Señor hasta las sombras.»[16] Su amigo aún necesitaba del ministerio de ellas a pesar de estar muerto.

Cuando me siento agotada, tensa y tentada a rendirme o
a esperar hasta mañana, pienso en estas magníficas mujeres
cuyo amor por Dios predominó sobre sus preferencias
emotivas y físicas, y les permitió que hicieran fielmente lo
correcto. Nada impidió que estas mujeres cumplieran lo que
consideraban su deber para con un amigo.

Cómo crecer en fidelidad

¿Cómo podemos volvernos más fieles? ¿Cómo podemos
crecer en esta gracia? ¿Qué puede ayudarnos a cultivar su
fidelidad en nuestra vida? A continuación se detallan algunas sugerencias prácticas basadas en la verdad que Dios nos
ha revelado en su Palabra.

- Clame a Dios en oración. «El día que clamé, me respon-
  diste; me fortaleciste con vigor en mi alma» (Sal. 138:3).
- Sea fiel en las cosas pequeñas. «El que es fiel en lo muy
  poco, también en lo más es fiel; y el que en lo muy poco
  es injusto, también en lo más es injusto» (Lc. 16:10).

- Confíe en la fortaleza de Dios. «Todo lo puedo en Cristo que me fortalece» (Fil. 4:13).
- Luche contra la indulgencia personal. «Golpeo mi cuerpo, y lo pongo en servidumbre» (1 Co. 9:27).
- Elimine la pereza y la ociosidad. «No come el pan de balde» (Pr. 31:27).
- Comience en el hogar. «Considera los caminos de su casa» (Pr. 31:27).
- Sea fiel en todo. «Las mujeres asimismo sean... fieles en todo» (1 Ti. 3:11)
- Sea una heroína. Termino este capítulo con la oración de que la siguiente definición de la palabra «héroe» la conmueva −como a mí− a desear una fidelidad mayor.

El héroe

El héroe no se propone serlo. Probablemente le sorprende más que a los demás ser reconocido como tal. Estaba allí cuando ocurrió la crisis... y respondió como siempre lo había hecho en cualquier situación. ¡Estaba simplemente haciendo lo que tenía que hacerse! Era fiel donde estaba su deber, estaba listo cuando surgió la crisis. Al estar donde debía estar, haciendo lo que debía hacer, respondiendo como tenía por costumbre, a las circunstancias tal como se presentaban, devoto al deber: ¡hizo lo heroico![17]

❧

CAPÍTULO ONCE

Crecer fuertes mediante la mansedumbre

«EL fruto del Espíritu es... mansedumbre.»
Gálatas 5:22-23

*D*e todas las flores del jardín de la gracia de Dios, la flor de la mansedumbre parece tan frágil, pero se desarrolla a partir de un sistema de raíces subterráneas muy fuerte. Antes de comenzar a enseñar acerca del fruto del Espíritu, medité acerca de la mansedumbre durante todo un año. Ese tiempo los dediqué por completo a cultivar la mansedumbre en mi vida. Luego, al escribir este libro y continuar mi estudio, Dios me ha dado un segundo año para reflexionar acerca de la mansedumbre..

Venga conmigo y descubra qué es lo que hace florecer a la mansedumbre.

El significado de la mansedumbre

En esta sección veremos tres de las gracias que nos llaman a disciplinarnos en nuestra búsqueda de la santidad. Como aprendimos en el capítulo anterior, el fruto de Dios de la fidelidad se cultiva cuando nosotras «lo hacemos», cuando hacemos lo que encontramos en nuestro camino que deba hacerse. Descubrimos lo mucho que debemos apoyarnos en la fortaleza de Dios y lo hondo que debemos llegar en nuestro interior para realizar el esfuerzo para llegar hasta el final, para hacer lo que hemos prometido, para ser más confiadas y dignas de confianza. Ahora, al tratar acerca de la mansedumbre, de nuevo debemos depender de Dios.

La mansedumbre significa ser gentil o sumisa, ser modesta o humilde.[1] Es una forma de dominio propio que sólo Cristo puede dar,[2] y que se manifiesta en un espíritu sumiso hacia Dios y hacia los hombres.[3] La mansedumbre es lo contrario de la arrogancia autosuficiente.[4] Como descubrirá, la mansedumbre crece en el invernadero del jardín, ¡y hay que pagar un precio muy alto para cultivarla!

¿Por qué cuesta tanto la mansedumbre?

1. *Mansedumbre significa confiar en el Señor.* Tal como confiamos en el Señor para cada gracia, también tenemos que hacerlo con la mansedumbre. En Mateo 5:5, Jesús dice: «Bienaventurados los mansos, porque ellos recibirán la tierra por heredad.» Ahora avance y aplique esta verdad mediante la lectura de lo que William Hendriksen dice acerca de estas palabras de Jesús:

> «El humilde» (o manso) describe a la persona que no es resentida. Que no guarda rencor. En lugar de reflexionar sobre los daños recibidos, halla refugio en el Señor y le entrega completamente su camino a Él... Ha aprendido a gozarse de «el despojo de [sus] bienes... sabiendo que [tiene]... una mejor y perdurable herencia en los cielos» (He. 10:34). Sin embargo, la humildad no es debilidad... Es sumisión en la provocación, es el estar dispuesto a sufrir el daño en vez de infringirlo. La persona humilde [o mansa] deja todo en las manos de Dios que la ama y se interesa por ella.[5]

Observe en primer lugar lo que la mansedumbre no es: No es resentida, no guarda rencor y no se ocupa en reflexionar sobre los daños recibidos. ¿Qué hace la mansedumbre? Busca refugio en el Señor y sus caminos. Soporta el despojo, la provocación y el sufrimiento en humilde sumisión a un Padre omnisciente que se interesa, y confía totalmente en el amor de Dios.

¿Cómo puede alguien soportar el despojo, la provocación, el sufrimiento y el maltrato? Para mí, la respuesta se reduce a una palabra: «fe». El sistema de raíces invisibles que penetra profundamente la tierra fértil: La verdad de que todo lo que ocurre en nuestra vida está permitido por Dios y que Él es capaz de ayudarnos a lidiar con nuestra situación. Nuestra fe en Dios respalda esta verdad que evita que luchemos y peleemos, porque la fe cree que Dios luchará por nosotras (Sal. 60:12).

La mansedumbre cree que cualquier daño, despojo, provocación o sufrimiento que alcance nuestra vida, es fundamentalmente algo permitido por Dios pero que también será manejado por Él. ¿Observa ahora por qué he trabajado durante dos años para cultivar este fruto? ¡Tengo la sensación de que lo seguiré haciendo durante muchos años más!

¿Muestra su vida el fruto de la mansedumbre? ¿En qué no se está sometiendo a Dios y al control de su vida por Él? ¿Considera que tal mansedumbre es debilidad? ¿Acostumbra guardar rencor hacia los demás, piensa en vengarse o tiene pensamientos vengativos? ¿O puede mirar más allá del daño infringido por otra persona hacia la sabiduría de Dios que usa el dolor en su vida para que pueda llevar la señal de su Espíritu de forma poderosa? Ore a Dios y pídale su bendición mientras busca soportar la severidad de la vida con su gracia de la mansedumbre, y confía en Él.

2. *La mansedumbre significa someterse al Maestro*. El comentarista William Barclay da otra imagen de la mansedumbre al explicar: «Lo que más aclara [el significado de la mansedumbre] es que el adjetivo... se usa para describir a un animal que ha sido domado y controlado.»[6] Puesto que la mansedumbre es algo que Dios aprecia profundamente en sus mujeres (1 P. 3:4), indagué algo más y descubrí algunos conceptos sorprendentes.

- Lo contrario de salvaje, «manso», describe a alguien acostumbrado a estar bajo el control de otro.
- La palabra «manso» sugiere a alguien que ha sido do-

mado o que ha permitido ser dominado por la voluntad de otro.
- La persona domada:
  —ha sido suavizada y exhibe total dependencia de otra.
  —ha puesto toda voluntad bajo el control de otra.
  —Indudable y humildemente obedece a lo que se le ordena y acepta lo que se le da.
  —Es dócil, obediente y tratable, lo contrario de violento.
  —Resulta agradable trabajar y estar con ella.[7]

Quizás cuando el significado de la mansedumbre comienza a hacérsele evidente, no está segura de que le guste lo que lee o lo que implica.

Piense en la mansedumbre en términos de someterte al Maestro, nuestro Señor Jesucristo. ¿Desea que Él le controle? ¿Anhela de verdad que Él se haga cargo por completo de su vida, la dirija y la guíe, la proteja y la cuide mientras le obedece incondicionalmente con fe? ¿Quiere que resulte agradable trabajar y estar con usted? Como observó un creyente: «Lo que hace que la humildad [o la mansedumbre] resulte tan deseable es el efecto maravilloso que obra en nosotras; crea una capacidad para tener la más profunda intimidad posible con Dios.»[8] ¡Pertenecer por completo al Maestro, desear solamente su voluntad, depender completamente de Él y rendirse humildemente a Él y sus caminos produce una gran intimidad con Dios!

¿Puedes exhalar un gran suspiro de liberación y entregarle a Dios ahora mismo cualquier parte de su vida que todavía no le haya entregado? ¿Cualquier pequeña parcela que no le haya dado a Él? Déle las gracias a su Maestro –el Maestro jardinero– de que Él sea capaz de cuidar de ella. Permítale ser dominada por el Maestro.

3. *La mansedumbre significa seguir el ejemplo de Cristo.* A medida que la definición de la mansedumbre se me hizo más clara y más fuerte, me sentí más y más desesperada. Pero entonces vi en la Palabra de Dios un ejemplo a seguir en Jesús (1 P. 2:21). Jesús era manso y al considerarlo a Él el ejem-

plo supremo de este fruto (¡Él lo es de cada uno de ellos!), el significado de la mansedumbre se hace más claro.

Nuestro Señor, el Rey de reyes y Señor de señores, se montó en un pollino al acercarse a Jerusalén por última vez (Mt. 21:7). Era el cumplimiento de una profecía de Zacarías 9:9 que dice: «Decid a la hija de Sion: He aquí, tu Rey viene a ti, manso, y sentado sobre una asna, sobre un pollino, hijo de animal de carga» (Mt. 21:5). Jesús no vino como un conquistador tempestuoso o un rey de batalla, sino como el «Rey [que] es humilde, manso, lleno de paz y amable».[9]

Escuche ahora cómo se describe Jesús a sí mismo en otro pasaje de Mateo: «Llevad mi yugo sobre vosotros, y aprended de mí, que soy manso y humilde de corazón» (11:29). Seguimos el ejemplo de mansedumbre de Jesús cuando como Él, buscamos refugio en Dios y le encomendamos nuestro camino. La mansedumbre de Jesús se basaba en una confianza completa en su Padre amoroso y la nuestra también lo puede estar a medida que cultivamos la mansedumbre siguiendo su ejemplo.

4. *La mansedumbre significa inclinar el alma.* El término del Antiguo Testamento para la mansedumbre, *anah*,[10] describe una mies de grano madura y sazonada con su cabeza doblada e inclinada hacia abajo. Piensa por un momento en la belleza de la imagen de esta palabra. A medida que el trigo crece, las espigas jóvenes sobresalen a los demás. Sus cabezas sobresalen más alto porque, en su juventud, todavía no se ha formado el grano. En su inmadurez, poco o ningún fruto ha aparecido. Pero con el paso del tiempo y la madurez, llega el fruto. Es tanto que el tallo cargado se dobla y la cabeza se abate más y más abajo; el fruto está listo para la cosecha, listo para ser usado. Cuanto más baja la cabeza, mayor la cantidad de fruto que tiene.

Yo quiero ser ese tipo de cristiana. Una cristiana con una cabeza inclinada, sazonada y madura, más allá de las etapas de la arrogancia, el orgullo y el vacío vanidoso. ¡La belleza de postrar mi alma ante mi Señor y doblarme en necesidad hacia mi Dios! ¡Qué dulce ser alguien que reconoce, acepta y aprecia la profunda necesidad de Él!

5. *La mansedumbre significa revestirse de un espíritu manso.* Esto requiere una decisión de nuestra parte. Como mencioné antes, Dios ama la cualidad de la mansedumbre. En 1 Pedro 3:1-3, el apóstol Pedro se dirige a las mujeres con respecto a los varios elementos de la mansedumbre.

El versículo 1 habla del elemento de la sumisión: «Asimismo vosotras, mujeres, estad sujetas a vuestros maridos.» Aunque este versículo en particular enfoca la sumisión dentro del matrimonio, la exhortación aparece en un pasaje bastante largo sobre todos los tipos de sumisión. «Por causa del Señor somét[anse] a toda institución humana» en el gobierno (2:13), los criados deben estar sujetos «con todo respeto a [sus] amos» (2:18). Cristo se sometió sin decir una palabra a sus atormentadores (2:21-25) y ahora a las esposas se las anima a que estén «sujetas a [sus] maridos» (3:1).

Los versículos 1 y 2 apuntan al elemento de la conducta, al sugerir que los esposos «sean ganados sin palabra por la conducta de sus esposas, considerando vuestra conducta casta y respetuosa». ¿Cuál es la conducta de la mansedumbre? Es una conducta temerosa de Dios y sin culpa. Es la conducta que se niega a pelear, se niega a que la domine la ira, rechaza todo pensamiento de violencia y venganza y se niega a hacerse sentir. Podemos vivir esto cuando descansamos en la soberanía de Dios y tenemos confianza en que Él controla cada una y todas las circunstancias de nuestra vida.

Los versículos 3 y 4 abordan el elemento del corazón: «Vuestro atavío no sea el externo de peinados ostentosos, de adornos de oro o de vestidos lujosos, sino el interno, el del corazón, en el incorruptible ornato de un espíritu afable y apacible, que es de grande estima delante de Dios.» Más que estar obsesionadas con nuestra apariencia externa, deberíamos preocuparnos de la condición interna, la condición de nuestro corazón. La frase «el interno, el del corazón» se refiere a la personalidad de la mujer cristiana, que se hace bella por el ministerio del Espíritu Santo que glorifica al Señor Jesús y lo manifiesta mediante su vida.[11] Estas gracias –el fruto del Espíritu– pueden brotar sólo en un corazón regenerado (Tit. 3:5) y adornado por el Espíritu.

Un corazón así, escribe Pedro, debería reflejar un espíritu afable y apacible, «manso» (que es la misma palabra griega usada en la lista del fruto del Espíritu) en referencia a la cooperación dócil, mansa y calmada en la aceptación de la vida en general.[12] Dicho de otra forma, «afable» o «manso» significa no crear molestias y «apacible» significa el soportar con tranquilidad las molestias causadas por terceros.[13] Desde que descubrí estas simples definiciones, he estado orando diariamente a Dios por fortaleza para no crear molestias y no reaccionar ante las molestias que otros crean. Comprender la humildad y la quietud y volverme hacia Dios en busca de ayuda para refrenarme están transformando mi corazón y mi vida.

El versículo 5 nos instruye en el elemento de la confianza: «Porque así también se ataviaban en otro tiempo aquellas santas mujeres que esperaban en Dios, estando sujetas a sus maridos.» Otra vez, aunque las palabras de Pedro en el versículo 5 van dirigidas específicamente a las esposas, son parte de sus instrucciones generales más extensas para que todas nosotras nos sometamos en cada área de nuestra vida. Podemos hacerlo debido a la confianza que se nutre y que ponemos en Dios, una confianza que mira a Dios con esperanza, una confianza dirigida hacia Él y que descansa en Él.[14]

El versículo 6 culmina con el elemento de la fe: «Como Sara obedecía a Abraham, llamándole señor; de la cual vosotras habéis venido a ser hijas, si hacéis el bien, sin temer ninguna amenaza.» La única forma en que podemos convertirnos en hijas de Abraham y Sara es mediante la fe, haciendo lo correcto sin ningún temor. Además ponemos en práctica nuestra fe al aceptar gentilmente los asuntos que ocurren en nuestra vida. Esta aceptación gentil contribuye al desarrollo de un espíritu afable y apacible.

Como mujeres de Dios, hemos de ataviarnos con todos estos elementos de la mansedumbre: sumisión, confianza y fe. Al igual que adornamos nuestro cuerpo todos los días con vestidos, hemos de adornar nuestro corazón y nuestro espíritu con los elementos de la mansedumbre. De la misma manera que vamos al armario todas las mañanas para seleccionar las prendas apropiadas, también necesitamos visitar a Dios en el armario de la oración y ponernos el manto de un espíritu afable y apacible. Su mansedumbre es poco común y verdaderamente no tiene precio.

6. *La mansedumbre significa «aceptarlo»*. Mi definición personal de la mujer que practica la mansedumbre o humildad es que ella lo acepta. ¿Qué acepta? Soporta con tranquilidad las molestias que otros crean. Soporta el ser tratada mal. Ella resiste los malentendidos. Al llevar la visión de Cristo y el sufrimiento de Él en su mente y en su corazón, ella lo acepta y lo acepta y lo vuelve a aceptar, y así cultiva el fruto de la mansedumbre de Dios.

Sé que esto es difícil de aceptar y existen excepciones morales obvias. Por supuesto que deberíamos pedirle a Dios su sabiduría (Stg. 1:5), pero le ruego que abra su corazón y su mente a la hermosura de este fruto. ¡Dios desea tanto que la mansedumbre sea característica de nuestra vida! Escuche los pensamientos de Andrew Murray sobre la mansedumbre y lo que significa el aceptarlo:

[La mansedumbre] es la perfecta quietud de corazón. Es para mí el no tener apuros, no estar jamás quejoso, molesto o irritado, ni enojado o desilusionado. Es no esperar nada, no maravillarme de lo que me hagan, ni sentir que me hacen nada. Es estar descansado cuando nadie me alaba y cuando me acusan o desprecian.... Es el fruto de la obra redentora de la cruz del Calvario, manifiesta en quienes le pertenecen y están definitivamente sujetos al Espíritu Santo.[15]

Otro creyente escribe las siguientes palabras sobre la fortaleza que procede de la mansedumbre:

[La mansedumbre] es un don incrustado en el alma. Su ejercicio es en primer lugar y principalmente hacia Dios. Es ese temperamento de espíritu en que aceptamos lo que [Dios] nos presenta como bueno, y por lo tanto, sin disputarlo ni resistirlo... [Es un corazón humilde] que ... no lucha contra Dios ni ... combate o compite con Él. Esta humildad, sin embargo,

siendo ante todo una humildad ante Dios, también
lo es ante los hombres; incluso hombres malvados,
con el sentir de que ellos [los hombres malvados] con
los insultos y daños que puedan infringir, son permi-
tidos y usados por Él.[16]

A los ojos del mundo, la mansedumbre puede parecer
debilidad, pero producir este fruto requiere la más grande
fortaleza. Ciertamente, la mansedumbre ha sido llamada «el
fruto del poder».[17] Por eso titulé este capítulo «Crecer fuerte
mediante la mansedumbre».

La actitud que adopta la mansedumbre

Un día mientras estudiaba Proverbios 3:5 –«Fíate de Jehová
de todo tu corazón»– entendí algo nuevo acerca de cómo se
pueden nutrir la mansedumbre y la humildad. La palabra
hebrea «fiarse» expresaba originalmente la idea de tenderse
desesperadamente boca abajo.[18] Practicar esta postura de
confianza requiere una dependencia total en Jehová. Requiere
una confianza absoluta de que sólo Dios conoce el camino
correcto hasta el final y qué es lo que nos beneficiaría. También la acompaña la certidumbre de que Dios es capaz de
liberarnos de lo que nos hace daño. Esta confianza –el depo-
sitar toda nuestra confianza en Dios– es la fuente de la mansedumbre o la humildad. Nos encontramos capaces de
tendernos boca abajo desesperadamente porque confiamos
en la sabiduría de Dios así como en su capacidad para pro-
tegernos y defendernos.

Claro que la figura anterior de confianza revela que la
mansedumbre va en contra de mucho de lo que nuestro
mundo exalta. La mansedumbre va en contra de la agresivi-
dad y de los propios intereses. Va en contra de la violencia y
las explosiones de ira, lo cual es evidencia de que Dios está
obrando en nuestra vida.

Observe además que la mansedumbre no es ni siquiera
principalmente hacia las personas, no es una disposición
natural, ni es lo que algunos han elegido llamar «un temperamento flemático». Al contrario, la mansedumbre, como
todas las gracias del Espíritu, se nutre de nuestra relación con

Dios y es fundamentalmente la sumisión a la voluntad de Dios. Como ya aprendimos, la fidelidad lo hará pero la mansedumbre lo aceptará. ¡Lo aceptaremos de las manos de otros porque sabemos que la mano santa del soberano Dios está sobre nuestra vida y nunca la retirará!

Piense también en las difíciles condiciones en que se cultiva este don: se requiere mansedumbre cuando nos infringen mal y estamos sufriendo el peor de los maltratos. Lo que la mansedumbre hace bajo dichas condiciones es tenderse boca abajo desesperadamente. Se doblará, se inclinará, bajará la cabeza ante el Padre. Se someterá, lo aceptará y se humillará ante la poderosa mano de Dios: lo aceptará.

La mansedumbre logra todo esto sin chistar. Damos un paso gigante para cultivar la mansedumbre en nuestra vida cuando decidimos que no lucharemos, no competiremos, ni resistiremos contra aquello que Dios esté haciendo en nuestra vida; que abandonaremos las disputas, las quejas, las murmuraciones y los gruñidos. Después de todo, ¿por qué haríamos semejantes cosas si Dios está en control y Él permite estas situaciones difíciles?

Escuche el Salmo 46:10: «Estad quietos, y conoced que yo soy Dios.» Pero la palabra hebrea «Estad quietos» significa «parad de esforzarse». Un erudito traduce esta reprensión: «¡Estad quietos!... ¡Cesad las actividades bélicas!»[19] Dios nos dice esencialmente: «¡Dentete! Detén toda tu actividad,[20] pues ¡soy yo, Dios, quien está haciendo esto!» Hemos de «cesar de esforzarnos», dejar de luchar y por el contrario aceptarlo –lo que sea– como siendo sostenidas en la mano de nuestro soberano y amoroso Dios. Cuando practicamos esta postura de un corazón confiado ante Dios y que depende de Él por su gracia, nos haremos en realidad fuertes mediante la mansedumbre.

Demostraciones de la mansedumbre

Observemos ahora a tres mujeres de la Biblia que pusieron en práctica la mansedumbre. Ya conocemos a *Ana*. Como una de las dos esposas que tenía su marido, Ana era diariamente víctima de la otra: «Y su rival la irritaba, enojándola y entristeciéndola... Así hacía cada año» (1 S. 1:6-7). Imagínese estar en una situación en la que día tras día, año tras año, otra persona le irrita a propósito. ¿Cómo respondería, cómo actuaría, qué haría?

Ana nos manifiesta la respuesta mansa. En su gran aflicción, ella «oró a Jehová» (v. 10) y «oraba largamente delante de Jehová» (v. 12). Ella le cuenta al sacerdote: «he derramado mi alma delante de Jehová» (v. 15). En vez de meterse en una batalla verbal o sucumbir a ir contándolo por todos lados, conspirar o planear vengarse, Ana eligió aceptarlo. ¿Y qué fue lo que le permitió aceptarlo? Su Dios en quien ella depositó su fe. Ella le dejaría el maltrato injusto a Él, al saber que Dios juzgaría justamente (1 P. 2:23).

María, la madre de nuestro Señor Jesucristo, también nos muestra un ejemplo real de mansedumbre y humildad. A través de un acto milagroso del Espíritu Santo, María concibió y dio luz al niño Jesús, pero muchos la consideraban una fornicaria. José, su prometido, quería romper secretamente el compromiso (Mt. 1:19) y algunas autoridades judías consideraban que Jesús había sido «nacido de fornicación» (Jn. 8:41). Como muestra la vida de María, «los privilegios excepcionales a menudo van unidos al sacrificio... [y] la primera cosa que María sacrificó fue su reputación».[21]

El pastor y maestro radial J. Vernon McGee escribió lo siguiente sobre el sometimiento de María a la voluntad de Dios: «Ella le respondió al ángel: "Hágase conmigo conforme a tu palabra." Y en ese mismo instante, una nube envolvió su vida. Esa nube estuvo allí hasta que el Señor Jesucristo resucitó de la muerte. La resurrección de Cristo probó su nacimiento virginal. Había estado en duda hasta entonces.»[22] Piense por un momento en las opciones para María, joven, soltera y embarazada. Ella podría haber intentado dar explicaciones, podría haber contado lo que sucedió, podría haber presumido. Pero en vez de eso, María mansa y humilde lo aceptó. Durante 33 años, ella soportó los insultos y la incomprensión (Jn. 8:41). Ella es ciertamente un ejemplo de la mansedumbre bondadosa de Dios.

María de Betania es otro ejemplo del fruto divino de la mansedumbre. En una conmovedora escena de devoción (Jn. 12:1-

8), María ungió los pies de Jesús con un perfume costoso de nardo puro, luego los enjugó con su cabello. Pero surgió un problema. Cuando «la casa se llenó del olor del perfume» (v. 3), Judas criticó a María delante de todos los reunidos al mofarse: «¿Por qué no fue este perfume vendido por trescientos denarios, y dado a los pobres?» (v. 5). Un comentarista hace nota de que: «Mientras que el olor del nardo puro resultaba dulce para muchos, olía a derroche para otros. Judas con su mente calculó rápidamente el precio y lo denominó como derrochado en Jesús.»[23]

¿Cómo se sentiría si después de derramar su corazón en adoración hacia su Salvador, fuera criticada en público? ¿Cómo respondería? María respondió con santo silencio. Sus buenas intenciones fueron malinterpretadas, fue criticada, y ella lo aceptó. Silenciosamente inclinó la cabeza y resistió el dolor de la ridiculización pública y en su lugar confió en Dios. En mansedumbre y humildad, María lo aceptó.

¿Qué ocurrió cuando ella confió en Dios, al tomar la decisión de responder con mansedumbre y aceptarlo? ¡Dios vino a rescatarla! En la situación de María, Jesús mismo la protegió contra la crítica y habló en defensa de ella.[24] Aunque las intenciones de María fueron malinterpretadas, «Jesús conocía sus motivos... Él no sólo la defendió, sino que la alabó».[25]

Moisés es otro santo que nos enseña cómo encontrar fortaleza en la mansedumbre. Dios eligió a Moisés para que sacara de Egipto a su pueblo y lo dirigiera a la Tierra Prometida. Pero mientras Moisés los guiaba, el pueblo murmuraba y se quejaba contra él de manera constante, culpándole de todas sus circunstancias difíciles. ¡Tan sólo mire una lista parcial!

- Cuando escaseó el agua (Éx. 15:22), «el pueblo murmuró contra Moisés» (v. 24). Pero ¿cómo respondió Moisés? «Moisés clamó a Jehová» (v. 25).
- Después de que su pueblo no confiara la primera vez que no hubo agua, Dios puso a prueba a su pueblo de la misma forma (Éx. 17:1). ¿Cómo afrontaron la prueba esta vez? «Altercó el pueblo con Moisés» (v. 2). ¿Cómo respondió Moisés? «Entonces clamó Moisés a Jehová» (v. 4).

- Cuando descubrieron gigantes en la nueva tierra, «se quejaron contra Moisés y contra Aarón todos los hijos de Israel» (Nm. 14:2). Fieles a su costumbre «Moisés y Aarón se postraron sobre sus rostros» delante del Señor (v. 5).
- Por último, en completa rebelión, «se juntaron contra Moisés y Aarón» (Nm. 16:3). De nuevo, «cuando oyó ésto Moisés, se postró sobre su rostro» (v. 4).

Observe el patrón de Moisés para manejar las contiendas. Cuando el pueblo se quejaba, Moisés no discutía con ellos, ni razonaba con ellos, ni se defendía o entraba en ningún tipo de pelea con ellos. Al contrario, él lo aceptó. Soportaba silenciosamente el ataque de ellos y clamaba al Señor. Moisés lo aceptó, y lo aceptó postrado sobre su rostro ante Dios. Moisés lo aceptó, y lo llevó ante Dios, recurriendo a Dios y esperando que Él viniese a rescatarlo de estos ataques injustificados.

Merece la pena observar un ataque final sobre Moisés. El incidente aparece en Números 12 y tiene que ver con la familiar. Usted y yo conocemos lo ardiente que puede volverse la situación cuando entramos en lo delicado de las relaciones familiares. Aarón (que ayudaba a Moisés a dirigir al pueblo de Dios) y María hablaron contra su hermano Moisés sobre su matrimonio con una mujer cusita (v. 1) y lo acusaron de orgulloso. Moisés respondió con mansedumbre: «Moisés no se defendió. Debido a su humildad y su gentil mansedumbre, él no trató de justificarse ni de rebajar a su hermano y hermana. Él sabía que lo acusaban falsamente y que la verdad se haría evidente.»[26]

Y la inocencia de Moisés se hizo evidente: «Dios entró en escena inmediatamente, incluso antes de que Moisés pidiese ayuda. Él honró la respuesta de Moisés, su humildad, su mansedumbre, su voluntad de soportar esta acusación falsa sin contraatacar. Dios se encargó de Aarón y María. Dios arregló las cosas por Moisés.»[27] Escuche la evaluación de Dios del corazón y el carácter de Moisés: «Aquel varón Moisés era muy manso, más que todos los hombres que había sobre la tierra» (Nm. 12:3). Moisés mostró la gracia de la mansedumbre: él lo aceptó y no hizo nada, y confió todo al cuidado de Dios.

A mí me resulta abrumador el ejemplo de estos santos. Pienso: *Jamás podría ser así*. Pero luego recuerdo que cada una de ellas cultivaron su respuesta santa contra el ridículo y el sufrimiento de la misma manera que hacemos nosotras: Cada una tuvo que crecer en la gracia, y como resultado, cada una creció fuerte mediante la mansedumbre.

Como dije al principio de este capítulo, la flor de la mansedumbre parece ser tan frágil, sin embargo, brota del más fuerte sistema de raíces subterráneas: a partir de una vida escondida en Dios, vivida ante su presencia; una vida que inclina la cabeza, se postra sobre su rostro y desesperadamente se tiende boca abajo. Nosotras podemos aceptarlo –poner en práctica la mansedumbre– si extendemos nuestras raíces hacia la profundidad de la tierra de la confianza y la fe hasta que toquemos el corazón de Dios y la Roca de los siglos.

Es mi oración que este capítulo le haya animado a soportar con tranquilidad los malos tratos de otras personas mientras espera ver lo que Dios hará en su favor. Como el Autor de todas las circunstancias de su vida, Él también es quien pondrá fin a todas esas circunstancias. Si Él decide no poner manos a la obra, Él es igualmente glorificado por su mansedumbre porque sólo la gracia y el poder de Dios puede capacitarle para aceptarlo.

Sí, ¿pero cómo?

¿Qué podemos hacer para crecer en esta gracia? ¿Cómo podemos llegar a ser más como Ana, María, María de Betania y Moisés?

1. Aceptando. Al aceptar todas las circunstancias de su vida como permitidas por Dios.
2. Orando. La oración desarrolla la postura de mansedumbre correcta en nuestro interior: inclinarnos, doblarnos, arrodillarnos, rendirnos y someternos a Dios.
3. Negándonos a protestar o murmurar. Quejarse, señala un sabio creyente «es una acusación contra Dios. Pone en duda la sabiduría y el buen juicio de Dios. Él siem-

pre ha igualado las quejas con la incredulidad... [por-
que] quejarse es dudar de Dios. Es parecido a sugerir
que Él no sabe realmente lo que está haciendo».[28]
4. Negándonos a manipular. Permítale a Dios que resuel-
va el asunto por usted. A continuación aparecen varios
pasajes bíblicos que prometen la ayuda de Dios y la victoria final que nos pueden ayudar a aceptarlo.

Salmo 60:12: «En Dios hallaremos proezas, y él
hollará a nuestros enemigos.»
Salmo 37:6-7: «Exhibirá tu justicia como la luz, y
tu derecho como el mediodía. Guarda silencio ante
Jehová, y espera en él. No te alteres.»
Salmo 57:2: «Clamaré al Dios Altísimo, al Dios que
me favorece.»
Salmo 138:8: «Jehová cumplirá su propósito en mí.»

Cómo dar el primer paso

Si puede, identifique el asunto más grande de su vida, algo
del pasado o alguna situación actual que Dios le está pidiendo que conviva, soporte o acepte. Luego agarre el manto de
la mansedumbre y la humildad de Dios y póngaselo.
Adórnese con este espíritu de hermosura, su Espíritu de gracia. Luego, incline la cabeza en oración. Póstrese boca abajo
y confíe en el Señor, esperando la acción y la solución de Él.
Ciertamente, este fruto de mansedumbre es el fruto de la
fortaleza, y crece solamente en el jardín de la gracia de Dios.

CAPÍTULO DOCE

Vencer la batalla de la templanza

«El fruto del Espíritu es... templanza.»
Gálatas 5:22-23

Era un viernes por la noche. Por lo general, nuestra iglesia no tiene cultos los viernes, pero nuestro santuario estaba repleto. Jim y yo estábamos sentados en la segunda fila con nuestras dos hijas y los estudiantes del *The Master´s College* que asistían a nuestro estudio bíblico. La multitud de miles estaba conmocionada. A mí el momento me resultaba algo irreal. Había oído hablar de este hombre desde mis primeros días como cristiana. Había leído su clásico libro «Liderazgo espiritual» y había estudiado su liderazgo en *Overseas Missionary Fellowship*. Y ahora, J. Oswald Sanders nos iba a hablar en persona.

Cuando el Dr. Sanders subió los cinco peldaños que dirigían al púlpito, sostuvimos nuestra respiración. Este santo de 92 años necesitó ayuda. Pero sorprendentemente, al terminar sus saludos se volvió hacia su desgastada Biblia para comenzar a enseñar la Palabra de Dios. Una fortaleza y un vigor del Espíritu Santo lo invadió y pareció transformarse delante de nosotros. Estábamos siendo testigos del poder de Dios en la vida de un hombre que había dedicado sus muchas décadas a servir y amar al Señor, un hombre que había andado en el Espíritu durante cerca de un siglo.

El Dr. Sanders había hablado en el culto el día anterior y

Jim le había pedido que le escribiera un autógrafo en su ejemplar usado del libro «Liderazgo espiritual». Jim había usado
este libro durante varias décadas para discipular y adiestrar
a hombres para el liderazgo. Tal como se había dado cuenta
entonces, el resto de nosotros vio esa noche que estábamos
en la presencia de un hombre que mostró los principios de
vida de su libro.

¿Cómo podemos cada una de nosotras crecer a la estatura
de un santo como J. Oswald Sanders? Creo que la respuesta
a esa pregunta se revela al considerar la cualidad de carácter que él puso en primer lugar de importancia. Escucha las
palabras siguientes de su capítulo titulado «Cualidades esen-
ciales para el liderazgo»:

> Se ha expresado bien que el futuro está en los disci-
> plinados. Esa cualidad ha sido colocada en primer
> lugar de nuestra lista, puesto que sin ella los otros
> dones, cuán grandes que sean, jamás alcanzarán su
> máxima potencialidad. Sólo la persona disciplinada
> alcanzará sus más altos poderes. Él es capaz de diri-
> gir a otros puesto que se ha conquistado a sí mismo.[1]

Conquistarse a sí mismo es de lo que trata el fruto de templanza del Espíritu Santo. Este importante don de gracia de
Dios es otra llave que, al girarla, enciende el poder que ali-
menta al fruto del Espíritu. La templanza proporciona la
energía espiritual que se necesita para encender toda la vida
cristiana.

Reexaminar el fruto de Dios

Piense en la importancia de la templanza por un instante.
Puedo saberlo todo sobre el amor y lo que hace y puedo tener el deseo de amar, pero la templanza de Dios me ayuda a
poner en práctica este amor. Lo mismo es cierto del gozo y
la paz. Sé que necesito ofrecer el sacrificio de alabanza cuando mi corazón se está deshaciendo y quiero sentir lástima por
mí misma, pero al girar la llave de la templanza la gracia de
Dios fluye dentro de mí y elevo esta alabanza. De la misma
forma, cuando siento unos deseos tremendos de dejarme

cundir por el pánico y desmoronarme, la templanza del Espíritu me sostiene firme para que pueda volverme hacia el Señor, confiar en Él y experimentar su paz.

La paciencia, la benignidad y la bondad también reciben su energía de la templanza del Espíritu. Cuando, por ejemplo, cada fibra de mi carne quiere airarse o enfadarse, la templanza del Espíritu me da la gracia de Dios de no hacer nada, de tener paciencia. Cuando las circunstancias dolorosas hacen que me resulte difícil interesarme por otras personas, solamente la templanza del Espíritu puede ayudarme a extender la respuesta divina de benignidad. Y para exhibir la bondad de Dios –ser activa en hacerles la vida más fácil a los demás– necesito la templanza del Espíritu.

Al leer acerca de la fidelidad y la mansedumbre, sabe la gran cantidad de templanza del Espíritu que requiere el llegar hasta el final con fe cuando la pereza y el egoísmo aparecen tan fácilmente. La mansedumbre lo acepta, pero sólo la templanza de Dios puede darme la fortaleza para aceptarlo.

Hemos llegado lejos en el camino para comprender el fruto del Espíritu, ¿no es cierto? Hemos aprendido –y oro que hayamos crecido– a medida que con cada nuevo fruto, Dios nos ha animado a profundizar en sus caminos.

Ahora el fruto final en la lista de Dios, la templanza, sirve para hacer que todo ocurra. El fruto de la templanza es muy poderoso, muy esencial para la vida cristiana, un cimiento sólido como una roca en nuestro camino hacia la semejanza de Cristo, ¡y cuánto lo necesito! Me pregunté: «¿Cómo voy a tener dominio de algo tan extenso, tan importante?» Sabía que necesitaba que el Espíritu obrara en mí, pero me fue útil el ganar una mejor comprensión de lo que significa la templanza.

¿Qué es la templanza?

En el capítulo anterior, el apóstol Pedro describió la gracia de la mansedumbre como un adorno que debemos vestir cuando andamos en el Espíritu Santo. El atavío espiritual de la templanza, sin embargo, parece más una armadura. Para practicar la templanza se requiere el ponerse el equipo de batalla y la mentalidad del guerrero. Pronto verá por qué.

Para comenzar, la raíz griega de «templanza» implica «autodominio de los propios deseos y codicias».[2] Platón usaba dicho término para describir a la persona que ha «dominado [sus] deseos y amor por el placer».[3] La templanza es «el poder controlador de la voluntad bajo la operación del Espíritu de Dios»,[4] «sosteniendo [el propio ego] con mano firme... el control de la vida del ego a través del Espíritu.»[5] En términos sencillos, la templanza es «la capacidad de tenerse a raya uno mismo».[6]

Observe los dos denominadores comunes en las definiciones anteriores. Una es el control de uno mismo: autorrefrenamiento, autogobierno y automando.[7] El segundo aspecto en común es el objeto del control: nuestras pasiones, apetitos, placeres, deseos e impulsos;[8] todo lo que es físico, sensual, sexual, todo lo que vemos, oímos, tocamos, pensamos y anhelamos. Piense de nuevo en las obras de la carne que Pablo enumera en Gálatas 5, entre ellas el adulterio, la fornicación, la inmundicia, la lascivia, las borracheras y las orgías. Ciertamente ningún hijo de Dios desearía llevar una vida caracterizada por tales hechos, pero sólo el don de la templanza del Espíritu puede ayudarnos a evitarlos.

¿Por qué? Porque –como he señalado– dentro de cada creyente, se lucha una tremenda batalla entre la carne y el Espíritu (Gá. 5:17). «Este tira y encoge» entre la carne y el Espíritu Santo es un duelo espiritual: La carne y el Espíritu «están alineados en conflicto, cara a cara».[9] Para vencer la batalla de la templanza, hemos de estar alertas al conflicto y confiar por completo en la ayuda y en la gracia de Dios (Ef. 6:10-13).

¿Cuándo se necesita la templanza?

Como una creyente observó: «En mayor o menor grado, si estás vivo, sentirás tentación!»[10] Por lo tanto, necesitamos la templanza de Dios cada minuto de cada día en todas las áreas de la vida en que estemos enfrentando la tentación. Necesitamos la ayuda del Espíritu en la batalla para resistir los deseos carnales en cuanto a la comida y la bebida, a las compras y posesiones, en todos los asuntos que sean de naturaleza sensual o sexual, en la autoindulgencia de cualquier tipo.

La templanza con frecuencia se refiere al cuerpo, el templo del Espíritu Santo (1 Co. 6:19). Por lo tanto, necesitamos poner el cuerpo bajo la sujeción del Señor:

> Si el cuerpo es el templo, entonces el alma es el sacerdote del templo y debería controlar el templo. Por lo tanto, el alma debería gobernar lo que hace el cuerpo. Cuando el cuerpo es tentado por la concupiscencia de la carne, la codicia de los ojos y el orgullo de la vida, el alma debe decir: ¡No! Eso es templanza. Tal cuerpo es disciplinado por el alma a fin de glorificar a Dios mediante todas sus acciones.[11]

Queda claro que necesitamos estar al tanto de nuestra necesidad de la templanza y de los problemas que afrontamos para controlar nuestro cuerpo. Entonces seremos capaces de regocijarnos de la gloria que Dios recibe cuando a través del poder de su Espíritu, vemos en nuestra vida la gracia de la templanza.

¿Cómo puede la templanza ayudarnos a obtener la victoria?

Nuestra victoria sobre la carne –sus impulsos y sus deseos– se vence solamente cuando recurrimos al Espíritu Santo. Nuestra batalla contra las tentaciones de la vida se vence sólo con la ayuda del Espíritu Santo. Él es el medio y el poder de nuestra victoria. Y debemos tomar una simple (pero difícil) decisión sin más por la victoria: «[La obra de la carne] es lo que la gente hace cuando expresa su naturaleza humana. El ministerio del Espíritu es la templanza. La vida de la carne carece de la templanza adecuada dirigida por el Espíritu. Haz lo que te plazca o ten la dirección y la templanza del Espíritu.»[12] La templanza es nuestra decisión: Elegimos la manera de Dios o la nuestra, la manera del Espíritu o la de la carne. Es obvio que en esta batalla necesitamos estar en guardia con vigilante oración.

¿Qué hace la templanza?

Cuando caminamos por el Espíritu y el fruto de la templanza es evidente en nuestra vida, reflejaremos los siguientes puntos fuertes:

- La templanza controla y pone en jaque al ego.
- La templanza refrena al ego.
- La templanza disciplina y domina el ego.
- La templanza detiene y manda al ego.
- La templanza le dice «no» al ego.

Una amiga apuntó la lista anterior en una tarjeta y la pegó con cinta adhesiva al espejo del baño. Quizá usted desee hacer lo mismo, o quiera poner la lista en su cuaderno de oración. Siempre es útil recordar la norma de Dios.

¿Qué es lo que la templanza no hace?

Al observar qué es lo que la templanza de Dios no hace también nos ayuda a comprender este importante fruto del Espíritu.

- La templanza no se rinde a la tentación
- La templanza no se deja llevar por los deseos.
- La templanza no participa en el pecado.
- La templanza no es indulgente consigo misma.
- La templanza no se satisface a sí misma.

Le advertí que la templanza es un fruto de fortaleza. Por la gracia de Dios, podemos ser así de fuertes, lo bastante fuertes como para no hacer tales cosas.

¿Cuál es el lema de la templanza?

En este trío final del fruto espiritual, la fidelidad significa «¡Hazlo!», la mansedumbre significa «¡Acéptalo!» y ahora la templanza significa «¡No lo hagas!» Hemos de pedir a Dios fortaleza durante momentos de tentación y entonces: ¡No hacerlo! No se deje llevar por las emociones, los antojos, los deseos. No piense ni haga lo que sabe que va en contra de la Palabra de Dios. No se mime a sí misma. No tome las opciones fáciles. No racionalice. Y otras mil veces de «¡No lo haga!»

Como explicó un pastor: «La palabra templanza significa "la capacidad para decir no". Es una evidencia de la fuerza de voluntad que a veces se expresa en la "fuerza de voluntad para no hacer algo". Es la habilidad para decir sí en el momento oportuno; decir sí a ciertas cosas y decir no a otras. Es ese tipo de fortaleza interna que toma todas las circunstancias y experiencias de la vida, las somete a evaluación y entonces decide: "Esto es correcto, esto está en la voluntad de Dios", o: "Esto es incorrecto, lo dejaré a un lado".»[13] Es decir, no haga lo que pudiera, haga lo que debiera.[14]

Aprender de otras personas sobre la templanza

Como siempre, la Palabra de Dios tiene ejemplos vívidos a medida que aprendemos sobre sus dones de gracia. De hecho, la Biblia nos ofrece una galería de personas dotadas y no dotadas de templanza. Piense en algunas de ellas.

David nos muestra la templanza. Al leer 1 Samuel esta semana, me impresionó la templanza del rey David. Si observa por un momento en 1 Samuel 24, piense en los acontecimientos que precipitaron tal momento en la vida de David. Después de haber sido ungido como rey por el profeta Samuel (16:13), David se convirtió en objeto de los celos y del odio del rey Saúl. En dos ocasiones mientras David tocaba el arpa para Saúl, éste le había arrojado la lanza a David con la esperanza de matarlo (18:11; 19:10). Luego, cuando David huyó para salvar su vida, fue perseguido cruelmente por Saúl y sus soldados.

Cansado de la persecución, Saúl entró en una cueva, sin saber que David estaba escondido en la misma cueva (24:3). Viendo a Saúl desde las sombras, David se dio cuenta de que podía – fácilmente y por dos buenas razones – matar al rey. Después de todo, David había sido ungido rey. En segundo lugar, Saúl había emprendido una cacería injustificada de David. Allí en la cueva hubiera resultado fácil para David asesinar a su adversario. Sin embargo, David ganó la batalla de la templanza. ¿Qué fue lo que hizo? Reprimió «a sus hombres... y no les permitió que se levantasen contra Saúl» (v. 7) y le quitaran la vida. Les dijo: «¡No lo hagan!»

David no sólo tuvo la oportunidad de matar a Saúl una vez, sino dos veces. Mientras Saúl, todavía en plena persecución de David, dormía durante la noche en su campamento, David y un guerrero escogido entraron en el campamento y lo rodearon (1 S. 26:7). Con la conclusión de que Dios le había entregado a su enemigo, el acompañante de David le rogó: «déjame que le hiera con la lanza, y lo enclavaré en la tierra» (v. 8). En este caso, David ni siquiera tendría que cometer el acto. Otra persona mataría a su enemigo por él. Sin embargo, David luchó contra la tentación de sus propias emociones y de sus pensamientos y de nuevo ganó la batalla. Él reprimió a su amigo: «No lo mates» (v. 9). David le dijo: «No lo hagas.»

David también nos muestra la falta de templanza. Tras la muerte de Saúl en la batalla, David al fin reinó como rey. Pero entonces comenzó un decisivo capítulo en su vida: «Aconteció al año siguiente, en el tiempo que salen los reyes a la guerra, que David envió a Joab, y con él a sus siervos y a todo Israel... pero David se quedó en Jerusalén» (2 S. 11:1). Por alguna razón, David envió a otros en su lugar y se quedó en casa, en Jerusalén en vez de ir a la guerra. Recuerda ahora la imagen del «héroe» del capítulo 10. El héroe era fiel: estaba donde debía estar y hacía lo que debía hacer. Desdichadamente, esta declaración no es cierta con respecto a David. Este punto señala el comienzo de su gran caída, tal como revela la siguiente escena.

Una tarde, mientras David paseaba por su terrado, vio desde allí a una mujer que se estaba bañando a la luz de una lámpara en el patio interior de su casa.[15] David vio. Dejándose llevar, se rindió ante sus deseos, David luego envió para saber quién era ella. David pensó. Al llenarse sus pensamientos y su corazón de lascivia, David se rindió una y otra vez y actuó de acuerdo con sus deseos carnales: «envió... mensajeros, y la tomó... y él durmió con ella» (v. 4). David actuó.

¿Ve la progresión del pecado de David? En cada paso a lo largo del camino de la tentación, David se rindió a sus deseos en lugar de ejercitar la templanza y de detener el movimiento hacia el pecado. Se rindió ante lo sensual en lugar de elegir lo espiritual. Como anotó un comentarista: «David pudo haber escogido detenerse y darle la espalda al mal en cualquier etapa a lo largo del camino.»[16] En cualquier punto, David pudo haber dicho: «¡No lo hago!» El no llevarlo a cabo aseguró su caída.

La situación es igual para nosotras. Basta con una pequeña decisión equivocada semejante, sólo con fallar una vez en tomar la elección santa de la obediencia, un solo momento en que bajemos la guardia, una sola mirada o un solo pensamiento sin refrenar, para que el más fuerte de los fuertes pueda caer en el pecado. Es por eso que debemos permanecer junto a Dios, mantenernos caminando por el Espíritu y cultivar el fruto de la templanza en cada pensamiento, palabra y hecho. ¡Alabado sea Dios que podemos acudir a Él en oración y recibir su ayuda y su gracia!

Acán también falló en cuanto a la templanza. Cuando Josué era el líder del pueblo de Dios, los bienes de la perdida ciudad de Jericó estaban prohibidos: todo debía ser quemado y destrozado. Pero Acán «tomó del anatema» (Jos. 7:1) y sacó algún contrabando. Tras un fracaso desastroso en la acción militar, Josué se enteró por Dios que alguien había pecado contra Él. Por la dirección de Dios, Josué confrontó a Acán. Escuche cómo explica Acán lo ocurrido: «Pues vi entre los despojos un manto babilónico muy bueno, doscientos siclos de plata, y un lingote de oro de peso de cincuenta siclos, lo cual *codicié y tomé*» (v. 21, cursivas añadidas).

¿Observó que esto es básicamente el mismo patrón de las abominables decisiones que tomó David? ¿Comienza a ver las lecciones que podemos aprender de estos hombres? Esas lecciones son: No se detengas, no mire, ni escuche. ¡No lo haga!

José y la esposa de Potifar nos muestran, respectivamente, la templanza y la falta de ella. La esposa de Potifar, oficial de Faraón y capitán de la guardia (Gn. 39:1) parece llevar una vida vacía, sin objetivo... hasta que su esposo compró a José, el hijo de Jacob, como esclavo doméstico.

Es evidente que José era extremadamente atractivo (v. 6) y la esposa de Potifar «puso sus ojos en José, y dijo: Duerme conmigo» (v. 7). José tenía que decidir. Al elegir la templanza, él resistió sus insinuaciones con éxito. A pesar de su negativa, la esposa de Potifar seguía «hablando... a José cada día» (v. 10), siempre con la misma invitación. Y día tras día, José tenía que elegir la templanza. Llegó un día en que no había nadie en la casa sino la esposa de Potifar y José. Llena de lascivia, deseo y pasión, ella agarró a José. De nuevo, José tuvo que elegir, y eligió huir, dejando sus ropas en las manos de la mujer. Ella luego utilizó las ropas de él como evidencia para meterlo en la cárcel por un acto que no cometió.

Esta terrible escena nos proporciona instrucciones claras sobre la templanza. La esposa de Potifar no tenía templanza. Ella permitía que sus pensamientos y acciones las dictara su sensualidad física. Al mirar a José con lascivia... sus pensamientos se corrompieron... y ellos la llevaron a las acciones que eran obras de la carne. En agudo contraste, José se destaca como un ejemplo positivo que ejercita la templanza que está disponible para todo cristiano. Él resistió con éxito en cada oportunidad que tuvo de rendirse a la tentación.

¿Por qué pudo José permanecer firme? Él explico el secreto de su fortaleza a la esposa de Potifar: «¿Cómo, pues, haría yo este grande mal, y pecaría contra Dios?» (v. 9). José nos muestra el motivo mayor para tener templanza y la perspectiva correcta: Él vio el incidente desde el punto de vista de Dios y sabía que ese acto estaría mal. Su razonamiento también era correcto: Él se dio cuenta de que ese hecho constituiría un pecado contra Dios. Y la atención de José estaba en el lugar correcto: no en sí mismo, ni en sus deseos, ni en su carne, sino en Dios. Lo que Dios deseaba era más importante para José que lo que él mismo quería. José nos da ejemplo de esta verdad: «El secreto de la disciplina es la motivación. Cuando un hombre está lo suficientemente motivado, la disciplina toma el control.»[17] Como Jerry Bridges escribe en La práctica de la santidad: «Finalmente, la templanza es el ejercicio de la fortaleza interna bajo la dirección de un sano juicio que nos permite hacer, pensar y decir aquello que agrada a Dios.»[18] ¡Sea éste nuestro motivo cuando confrontamos las elecciones y las tentaciones de la vida! Cuando ese sea el caso y con la ayuda del Espíritu, la disciplina tomará el control.

Luchar por la templanza

Mientras pensaba en mis propias batallas por la templanza, enumeré las áreas que más me desafían y que me obligan a volverme a Dios en busca de ayuda. La primera (y peor) para mí es la comida. La vida resultaría más fácil si no tuviese que estar en contacto con la comida. Sé que Dios creó nuestro cuerpo con la necesidad de energía, pero de alguna forma la necesidad natural y el deseo por la comida pueden desbordarse. Por ejemplo, ya que estoy escribiendo sobre la comida, mi boca y mi mente anhelan algo que comer, pero no es la hora de comer. No necesito comer ya que acabo de almorzar. Simplemente quiero comer. Por tanto, me fuerzo a mí misma a permanecer sentada y seguir escribiendo. Pienso: *Liz, simplemente di no. No lo hagas. No te levantes para ir a la despensa. Lucha contra ello. Puedes obtener esta victoria con la ayuda de Dios. Permanece sentada y sigue trabajando.*

¿Pudiera comer algo? Por supuesto. ¿Me perjudicaría? Claro que no, por lo menos por el momento. Pero ¿cuáles serían las bendiciones de no sucumbir a la carne? En primer lugar, continuaré progresando con este capítulo. En segundo, puedo obtener la victoria de Dios en algo tan pequeño. Al decir no, inicio mi expediente con Él y adquiero experiencia que me ayudará más tarde cuando confronte algo más importante.

También lucho con mis pensamientos, tanto que he escrito todo un libro sobre el tema. Ama a Dios con toda tu mente[19] se trata de cómo obtener la victoria sobre los pensamientos que no son fieles a la Palabra de Dios. El libro ofrece detalles de cómo vencer la batalla concentrándonos en lo que la Biblia dice y no en lo que nuestras emociones y nuestros sentimientos nos hagan pensar.

El dinero es otro reto diario para muchas, si no todas, las mujeres cristianas. El mundo entra en nuestros hogares y nos tienta a gastar. Había llegado a decir: «No lo hagas» al incurrir en gastos eliminando de mi programa el hacer compras. Pero casi todos los días un nuevo tipo de catálogo aparece en mi buzón de correos, junto con volantes comerciales para todo tipo de artículos curiosos. Ni siquiera tengo que enviar dinero para obtener estas cosas, el correo abunda con ofertas gratuitas de tarjetas de crédito. Los agentes de ventas me llaman con ofertas agradables. (Más me valdría poner un letrero en el teléfono que diga: «¡No lo hagas!» Tales ofertas crean una verdadera tentación de amar «las cosas que están en el mundo» (1 Jn. 2:15).

Muy relacionado con el asunto del dinero está el de las posesiones. Soy como cualquier ama de casa a la que le en-

canta tener una casa agradable llena de todos los pequeños
toques que la convierten en un lugar acogedor y agradable,
¡todos esos pequeños toques que cuestan dinero! Cuando
nuestra familia se mudó a Singapur por una temporada en
el campo de misiones, vendimos o dimos casi todo lo que
poseíamos. ¿Pero adivina qué? Cuando regresamos a Estados Unidos, ¡tuve que empezar de nuevo! Todos los sábados
temprano por la mañana salía de casa con $25 dólares en efec-
tivo y me iba a las ventas en garajes de artículos usados. Rápidamente llegó el día en que había reemplazado todo, ¡y
añadido algunas cosas extra! A tal punto llegué a enfrentar-
me cara a cara con el hecho de que era adicta a la emoción,
la caza, la anticipación que experimentaba mientras condu-
cía a cada venta, estremeciéndome por lo desconocido. Tuve
que comenzar a decirme a mí misma «No lo hagas» los sábados por las mañanas. Tuve que frenarme y controlar mis
deseos. Imagínase esta gran lucha sobre lo que nuestro Señor denomina los «bienes en casa» (Lc. 17:31).

Lo último en esta lista de retos es el café, indudablemente
el antojo físico más difícil que, con la ayuda de Dios, he tenido que afrontar. Me encanta el aroma del café, su sabor y la
energía que me da. Me encanta el calor del café y el rito de
sentarme a tomar una taza de café. Pero llegué al punto en
que el café controlaba mi vida. En el café –no en Dios– era
en lo primero que pensaba. El café –no la oración– era lo primero que necesitaba al levantarme. Servirme el café –no el
servir a mi familia– era mi primera preocupación todos los
días. Llegué al punto en que no podía pensar ni funcionar
sin mi café. No podía enseñar la Palabra de Dios sin café. No
podía planificar, escribir o conducir sin tener una taza caliente
en la mano. Supe que tenía un gran problema cuando comen-
cé a ir por la ventanilla de los restaurantes de comida rápi-
da, no por hamburguesas o papas fritas, sino por café, ¡y
siempre una taza grande!

Llegó el día en que reconocí que no tenía templanza con
respecto al café. De hecho, estaba totalmente fuera de control. Renuentemente decidí frenar la cantidad de café que
tomaba. Tuve que elegir decir: «Liz, no lo hagas» por parte
del café.

Antes de que tenga una idea equivocada, quiero decirle que todas las personas que conozco parecen ser capaces de beber café sin ningún problema. Jim es una de esas personas. Le hago el café todas las mañanas, pero él puede aplicar el principio de Dios sobre la moderación al tomar café. En todas las áreas que he confesado –no sólo mi hábito del café– hemos de ejercitar discernimiento y sabiduría así como templanza.

Es posible que su lista de tentaciones sea diferente a la mía. Pero la batalla sobre cada atracción se vence de la misma forma: Al clamar a Dios y confiar en su don de gracia de la templanza; al pedirle nueva fortaleza para decir: «No lo hago» una vez más. Depender así de la fortaleza de Dios es la clave para cultivar su templanza en nuestra vida.

Nutrir la templanza

Con los relatos de personas que mostraron templanza y las que no, la Biblia nos enseña bastante sobre cómo nutrir la templanza. Quizá las ideas siguientes le ayudarán a comenzar a cultivar ese importante fruto.

- Comience con Cristo. ¿Es Él su Señor y Amo? Escuche las siguientes palabras sabias: «El comienzo del dominio propio es el ser dominado por Cristo, rendirse a su señorío.»[20]
- Vigile lo que entra. El problema de David y también de Acán, comenzó al mirar durante demasiado tiempo las cosas equivocadas. Quizá fue tras su caída con Betsabé que David escribió el consejo siguiente: «No pondré delante de mis ojos cosa injusta» (Sal. 101:3)
- Manténgase ocupada. Tanto David como la esposa de Potifar fallaron porque no tenían nada que hacer. Haga un horario y sígalo. Ofrézcase como voluntaria para ayudar a los demás. Haga lo que necesite para mantenerse ocupada. Al hacer eso, se negará a «comer el pan de balde» (Pr. 31:27) y hallará que tiene menos tiempo para dejarse tentar.
- Diga «¡No!» Salomón escribió: «Como ciudad derribada y sin muro es el hombre cuyo espíritu no tiene rien-

da» (Pr. 25:28). La siguiente idea hace eco de esta verdad: «La palabra «no» constituye el armamento y el muro protector de la ciudad espiritual... Algunas veces No puede ser una palabra difícil de decir, pero es la clave para la templanza, la palabra que el Señor bendice.»[21]

- Ore. David «era un hombre comprometido con la realidad de la oración. David oraba sobre casi todo, pero jamás en la Biblia halla a David orando por su vida sentimental. Ni siquiera una vez. Era un área de su vida que jamás cedió y casi le aplastó».[22] Ore por todos los aspectos de su vida.

Las buenas noticias de Dios para usted y para mí son que podemos reclamar su poder, andar en su Espíritu, ejercitar la templanza y ganar la batalla sobre las tentaciones. Entonces mostraremos la belleza de Cristo en el jardín de nuestra vida cotidiana. Nuestro Dios es maravilloso. Él pone a nuestra disposición el almacén de su gracia.

CAPÍTULO TRECE

Observar cómo Jesús aplica la gracia

Mientras hemos estado aprendiendo sobre los distintos aspectos del fruto lleno de gracia del Espíritu de Dios y de cómo experimentarlos en nuestra vida, Jesús nos ha mostrado cómo son cuando se ponen en práctica por la gracia de Dios. Miremos hacia Él de nuevo mientras tratamos de comprender este trío final que tiene que ver con la disciplina del ego: la fidelidad, la mansedumbre y la templanza. Estas tres gracias del jardín de Dios hacen posible que sus obras más importantes puedan realizarse por medio de nosotras.

Al terminar el capítulo 9 de este libro, Jesús había sido aprehendido por la fuerza y llevado a su juicio y crucifixión. ¿Cómo se encargó Él de esta serie de acontecimientos? ¿Y cuál era su perspectiva mientras afrontaba la cruz? Pedro, que veía cómo se desarrollaban estos horribles acontecimientos, nos puede responder a esas preguntas. Aunque él negó vigorosamente cualquier relación con Jesús cuando otros le preguntaban (Mt. 26:69-75), Pedro continuó siguiendo a su Señor desde lejos (v. 58). Con sólo unas líneas de su pluma, Pedro resume la conducta de nuestro Señor para que podamos seguir sus pisadas (1 P. 2:21). Escuche al discípulo describir la verdadera gracia de Dios:

> Cristo... no hizo pecado,
> ni se halló engaño en su boca;
> quien cuando le maldecían, no respondía con
>   maldición;
> cuando padecía, no amenazaba (1 P. 2:22-23).

Jesús no hizo pecado

El primer comentario de Pedro es cierto de toda la vida de Jesús, no sólo de sus últimos días. A lo largo de su existencia terrenal, Jesús no cometió pecado alguno. Probablemente hemos experimentados la realidad momentánea de no cometer ningún pecado cuando todo va bien en la vida. Pero tales circunstancias favorables –una bendición de Dios– son tiempos en que la victoria viene fácilmente. Ahora, imagínese la peor de las circunstancias, la que experimentaba Jesús, caracterizada por la traición, las mentiras, las falsas acusaciones, el castigo injusto, la brutalidad, el maltrato físico, los puñetazos, los garrotes, los palos, los latigazos, los clavos, la lanza. ¡Imagínese no cometer ningún pecado en un ambiente así! Eso sólo ocurre por la gracia de Dios. Sería indudablemente la obra del Espíritu Santo que nos permite andar en medio de situaciones difíciles sin pecar.

¿Por qué sufría así Jesús? ¿Por qué lo maltrataban con tanta dureza? Toda su vida, Él había...

> Hecho el bien,
> hecho lo correcto,
> hecho todo lo que Dios le pedía y requería,
> llevado a cabo con éxito la voluntad del Padre en
>   cuanto a su vida.
> Jesús había...
>   enseñado la verdad de Dios,
>   sanado a la creación de Dios,
>   alimentado al pueblo de Dios y
>   alumbrado la oscuridad.
> Jesús también había...
>   predicado el evangelio a los pobres,
>   sanado a los quebrantados de corazón,
>   pregonado libertad a los cautivos,

restaurado la vista a los ciegos y
liberado a los oprimidos
(Lc. 4:18).

Como dice Pedro, Jesús sufrió por hacer lo bueno (v. 20).
El santo Hijo de Dios no pecó «ni siquiera en una sola
ocasión».[1] Vivió «sin pecado» (He. 4:15). Por medio de las
palabras de Pedro y del escritor de la carta a los hebreos,
Dios testifica de la completa carencia de pecado de Jesús.[2]
Él, entre todas las personas, no se merecía sufrir de ninguna
forma.

Incluso los que condenaron a Jesús sabían que no había
cometido ningún pecado. Pilato dijo al jefe de los sacerdotes
y a las multitudes: «Ningún delito hallo en este hombre.» (Lc.
23:4). Después que Jesús regresó de la corte de Herodes,
Pilato le repitió al sumo sacerdote y a los gobernadores del
pueblo: «habiéndole [a Jesús] interrogado yo delante de
vosotros, no he hallado en este hombre delito alguno» (v. 14).
Pilato siguió explicando: «Y ni aun Herodes, porque os remití
a él; y he aquí, nada digno de muerte ha hecho este hombre»
(v.15). Por última vez, Pilato les preguntó a los líderes judíos:
«¿Pues qué mal ha hecho éste? Ningún delito digno de
muerte he hallado en él» (v. 22). Jesús no cometió delito
alguno. Él no cometió pecado alguno.

Al igual que nuestro Señor y Salvador que fue constante
y completamente victorioso sobre el pecado, podemos clamar la gracia de Dios y la ayuda para tomar las decisiones
correctas en la vida, las decisiones que le dicen no al pecado.
Y como creyentes, deberíamos preocuparnos principalmente de evitar el pecado, no de evitar el sufrimiento. El escritor
de devociones escocés, Thomas Guthrie advirtió: «Nunca
temas sufrir, pero teme pecar. Si debes elegir entre éstos, pre-
fiere el mayor sufrimiento al pecado más mínimo.»[3] ¿Puede
hacer de ésta la perspectiva de su corazón?

Jesús no habló pecado

Jesús no sólo fue libre de pecado en hecho. También fue
libre de pecado en palabra: «ni se halló engaño en su boca»
(1 P. 2:22). Incluso después de un minucioso escrutinio, los

acusadores de Jesús no pudieron descubrir ningún tipo de astucia ni artimañas.[4] Él siempre había dicho la verdad. Siempre había actuado y hablado con motivos limpios. No había engaño que descubrir.

Es más, Jesús no respondió. Se negó a responder durante su juicio. Mientras el sumo sacerdote y los ancianos lo acusaban falsamente, «nada respondió» (Mt. 27:12). Cuando Pilato lo interrogó, Jesús «no le respondió ni una palabra» (v. 14). Caifás y el concilio le desafiaron: «¿No respondes nada? ¿Qué testifican éstos contra ti?» (Mr. 14:60). ¿Cuál fue la respuesta de Jesús? «Mas él callaba, y nada respondía» (v. 61). En lugar de presentar su caso verbalmente ante la gente que no tenía oídos para oír, Jesús se sometió al duro tratamiento y a la cruel muerte que no merecía.

Jesús no resistió

Jesús no resistió a sus acusadores y enemigos. Él se negó a luchar verbal o físicamente. Leemos, por ejemplo que «cuando le maldecían, no respondía con maldición» (1 P. 2:23). Ser maldecido significa ser herido agudamente con palabras, ser sometido a un vituperio cruel, ser insultado con una serie de palabras.[5] ¡Así fue el tratamiento que padeció el Cordero de Dios libre de pecado! Dicho de otra manera: «así fue herido el tierno corazón del Señor Jesús por la totalmente depravada naturaleza humana.»[6]

De la misma manera que Jesús no se defendió cuando lo maltrataban verbalmente, tampoco se defendió cuando lo hicieron físicamente. En su lugar, «cuando padecía, no amenazaba» (1 P. 2:23). Aquí «padecer» significa el ser abofeteado, golpeado con los puños (Mt. 26:67). Pedro recuerda los golpes de los sirvientes, el desprecio del sumo sacerdote, la sumisión silenciosa de Jesús, la degradación, la cruz. El idioma griego enfatiza que «bajo provocación constante y repetida, jamás rompió el silencio [Jesús]. En el momento en que era víctima del maltrato, no maldecía a nadie. Durante todo el tiempo que padeció, no recurrió a las amenazas».[7] Un erudito señala que las palabras «padecía» y «amenazaba» tienen una fuerza progresiva en el idioma original, que indica que «incluso el continuo sufrimiento en manos de la multitud no obtuvieron palabras de carácter vengativo por parte de nuestro Señor».[8]

Claro que las palabras vengativas y pecaminosas no irían en concordancia con la imagen de perfecta santidad de Jesús. Reaccionar y responder es algo que nosotras pudiéramos hacer. Jesús, sin embargo, cuando fue tratado injustamente, no profirió amenazas, ni condenó a sus opresores, ni invocó juicio contra ellos. Mantuvo la boca cerrada. Según las palabras de Isaías: «Angustiado él, y afligido, no abrió su boca; como cordero fue llevado al matadero; y como oveja delante de sus trasquiladores, enmudeció, y no abrió su boca» (Is. 53:7).

¡Cuán maravilloso es nuestro Jesús! Siento dolor cuando pienso en esta escena de horror y maldad. La respuesta de mi Salvador es alentadora. Si Él mostró tal santidad y gracia en estas circunstancias malvadas yo puedo hacer lo mismo dentro de la esfera más tranquila de mi vida y servicio. Si Él llevó con calma el dolor y el sufrimiento causados por sus enemigos yo puedo soportar el maltrato que recibo de los demás. Si Él mantuvo la boca cerrada a pesar de que era inocente yo puedo hacer lo mismo, sin importar las falsas acusaciones ni la incomprensión. Pero sólo puedo hacer estas cosas a través de la fortaleza del Espíritu de Dios, que me llena de su fidelidad, mansedumbre y templanza.

Oración final pidiendo gracia

Es con nuestros corazones rebosantes, oh Padre,
 que te susurramos de nuevo «gracias».
Esta vez por la gracia de tu Hijo
  que demostró completa fidelidad hacia ti,
  que aceptó con mansedumbre tal trato injusto y que
   mostró templanza durante las circunstancias más
   difíciles mientras caminaba hacia la cruz para
   morir por nosotras.
Permítenos recibir tu gracia... para que podamos
  hacer fielmente todo lo que nos pides,
  sufrir mansa y calladamente todo lo que se ponga
  en nuestro camino y en control de nuestros egos, no
  hagamos nada que deshonre tu digno nombre.
En nombre de Jesús, nuestro Ejemplo, Salvador y Señor. Amén.

Planificar un crecimiento mayor

¡*Vaya*! ¡Lo logramos! ¡Hemos terminado nuestro recorrido por el jardín del fruto del Espíritu! Juntas hemos paseado a lo largo del camino yendo de grupo en grupo, de una parte del fruto a otra. Con la Palabra de Dios como nuestra guía, leímos sobre cada gracia; lo que cada una es y cómo cultivarla en nuestro propio jardín. Nos sorprendemos y admiramos al tocar el follaje de cada fruto y acariciar los pétalos de sus flores. Inhalamos la fragancia de cada flor. Nos deleitamos en la belleza individual de cada fruto especial, y comentamos lo que nos gustaba especialmente de cada uno.

Me alegra que se nos permitió todo el tiempo que deseábamos con cada fruto. Tuvimos tiempo para estudiar, para disfrutar, para hacer preguntas, para intercambiar ideas y ante todo, para apreciar. Pero nuestro recorrido ha terminado; lo hemos visto todo. Hemos experimentado personalmente la refrescante variedad de colores, formas, olores y texturas. Ahora conocemos el aspecto que tiene el jardín que ha sido cultivado meticulosamente por el Jardinero perfecto.

Al abandonar el jardín, queremos asegurarnos que llevamos con nosotras el mensaje de Dios para nosotras. Una cosa es hablar del fruto espiritual en el jardín de la gracia de

Dios, pero Él quiere que nosotras –usted y yo– lo pongamos en práctica en nuestra vida. Su Palabra describe cómo Él desea que sea nuestra vida; lo que Él desea que los demás vean en nosotras es que damos el fruto de su Espíritu en la vida diaria.

El fruto de Dios materializado

¿De qué manera se materializa el fruto del jardín de la gracia de Dios en nuestra vida? Quizá pueda pensar en alguien que muestra las cualidades de amor, gozo, paz, paciencia, benignidad, bondad, fe, mansedumbre y templanza. Para mí se llama Sam Britten. Es un anciano y servidor de nuestra iglesia, director del Centro de Actividades para Incapacitados Físicos de la Universidad del Estado de California en Northridge. Jim y yo conocemos a Sam desde hace veinte años, pero uno de los estudiantes de la ciudad universitaria nos hizo apreciarlo más.

Judi había oído hablar de las cosas notables que se desarrollaban en el Centro, que estaba al final del pasillo de una de las clases que asistía. Así que un mediodía, por curiosidad, entró en la sala y observó en silencio. Lo que vio fue al Dr. Britten, de rodillas, ayudando y dándole ánimo a uno de sus estudiantes incapacitados. Escuche lo que Judi –que no era cristiana, pero que había oído hablar de Jesús– dijo: «Mientras permanecí de pie observando al Dr. Britten y vi su amor, su amabilidad, su paciencia y su mansedumbre con aquel estudiante, pensé: *¡Así es como debe ser Jesús!*» Cada día ella se sintió atraída por el aula del Dr. Britten y una y otra vez vio la misma escena. «Algunos días –confesó Judi–, tenía que abandonar el aula y salir al pasillo para poder llorar. ¡Era tan conmovedor observar a este hombre!»

Al acercarse a Margie, una de las ayudantes de Sam, Judi preguntó si sabía lo que había hecho a Sam semejante a Jesús. Margie respondió: «Él es cristiano, lee bastante su Biblia y ora. De hecho, todos oramos juntos cada día antes de que lleguen para tratamiento.» Poco después Judi se compró una Biblia. Comenzó a leerla y a orar. También encontró una iglesia y en menos de un año Judi había entregado su corazón a Jesús.

La Palabra de Dios materializada en usted

De ese cuadro de Sam Britten es de lo que trata este libro: Jesús en usted y en mí; visible a los demás cuando caminamos en el Espíritu. Jesús amando y sirviendo a los demás a través de nosotras. Jesús manifestado por medio de en nosotras como lo es por Sam Britten. Cuando andamos en el Espíritu, nos comportamos como lo hizo Jesús. Y como hemos visto, Jesús nos dio perfecto ejemplo de cada parte del fruto del Espíritu. Llenas del Espíritu Santo, tenemos que cultivar estas gracias para que podamos darle ejemplo de Él a un mundo necesitado.

El apóstol Juan escribió acerca de esta semejanza a Cristo en 1 Juan 3:2: «cuando él se manifieste, seremos semejantes a él.» En el versículo siguiente, nos dice cómo podemos ser semejantes a Él ahora mismo: «Y todo aquel que tiene esta esperanza en él, se purifica a sí mismo» (v. 3). Escuche la manera en que ocurre esta purificación y cómo cooperar para que ocurra:

> Todo aquel que verdaderamente cree que algún día será semejante a Cristo... ciertamente se purifica a si mismo y va sin cesar en pos de la santidad como la prioridad número uno. Esta señal es la del verdadero hijo de Dios. Hemos de deleitar nuestra vista en Jesús, en todo aquello sobre Cristo que encontremos en las Sagradas Escrituras. Hemos de hacer todo aquello que podamos: Hemos de pelear, luchar, orar y tener disciplina a fin de parecernos más y más a Cristo –cueste lo que cueste– sabiendo que cada pecado que se venza, cada tentación que se resista, cada virtud que se gane es un paso más, un paso más, un paso más, un paso más hacia el instante en que seremos semejantes a Él.

Cuando el Dr. John Blanchard, el sabio escritor de las palabras anteriores, terminó este mensaje, oró la siguiente plegaria: «Te alabamos por toda tu bondad hacia nosotros, por la capacitación que nos da el Espíritu Santo en nuestra vida, por cada palabra de las Escrituras que se ha encendido en nuestro corazón, por cada paso del progreso realizado, por cada victoria ganada, por cada tentación resistida. Podemos y te alabamos también al saber que es sólo a través de tu gracia y fortaleza se logran estas cosas.»[1]

Hagamos nuestra la plegaria anterior mientras continuamos nuestro crecimiento en el jardín de la gracia de Dios y cultivamos el fruto de su Espíritu en nuestra vida.

PREGUNTAS DE ESTUDIO

«*Mas el fruto del Espíritu es amor, gozo, paz, paciencia, benignidad, bondad, fe, mansedumbre, [y] templanza.*»
Gálatas 5:22-23

Capítulo 1 – Preparación para un crecimiento mayor

La verdad de Dios

- ¿Cuál es el llamamiento de Dios para usted en Gálatas 5:16? ¿Qué podría suceder en su vida si siguiera estas instrucciones?

- Según Gálatas 5:17, ¿con qué conflictos conviven los creyentes? Dé uno o dos ejemplos específicos de su lucha en esta área.

- Repase las «obras de la carne» enumeradas en Gálatas 5:19-21. ¿Contra qué obras lucha usted?

- Lea Gálatas 2:20; 5:24; y 6:14. ¿Qué cree que significan las referencias a ser «crucificado»? ¿Cómo pueden las verdades de estos versículos modificar su punto de vista sobre la vida cotidiana y más específicamente, su punto de vista sobre las lucha que señaló en las dos preguntas anteriores?

- ¿Qué le dice Dios en Gálatas 5:24-25? ¿Qué significa la frase «andad en el Espíritu»? ¿Cómo es en su vida el andar en el Espíritu?

Mi respuesta

- Lea Juan 15:1-8. Diseñe un plan de acción de cómo permanecerá en Cristo esta semana. Especifique cuándo y cómo realizará cada uno de los puntos siguientes:

Pasar tiempo estudiando la Palabra de Dios.

Pasar tiempo en oración.

Vivir en mayor obediencia.

Renovar su compromiso con Cristo.

Capítulo 2 – Buscar amor en Dios

La verdad de Dios

- Lea 1 Corintios 13:4-8a. ¿Cuál aspecto del amor le resulta más difícil poner en práctica? Puesto que el dar fruto requiere algún esfuerzo de su parte, ¿qué paso tomará esta semana para vencer esa dificultad?

- Según 1 Juan 4:7-8, ¿quién es la fuente de amor? ¿Qué dicen los versículos 20 y 21 de ese mismo capítulo sobre cómo podemos saber si alguien ama a Dios?

- ¿Qué enseña Romanos 5:5 sobre el amor?

- ¿Cuándo le resulta más difícil amar? Mientras responde a esta pregunta, mírese a usted misma tanto como a otras personas.

Mi respuesta

- ¿Qué mensaje tiene Dios para usted en el estudio del amor de Rut hacia su suegra Noemí?

- ¿A quién le resulta más difícil amar en su vida? Mientras piensa en esa persona, lea las palabras de Jesús en Lucas 6:27-28. ¿Qué instrucciones específicas le da aquí Jesús en cuanto a la persona que tiene en mente? ¿Qué hará esta semana para obedecer cada uno de los mandamientos de Jesús? Especifique.

- Según Lucas 6:35, si ama de la forma en que Jesús le dice que ame, ¿qué debería esperar como respuesta? ¿Qué puede esperar finalmente?

Capítulo 3 – Ofrecer el sacrificio del gozo

La verdad de Dios

- ¿Qué se les manda hacer a los creyentes en 1 Tesalonicenses 5:16? Según Filipenses 4:4, ¿cuál debe ser la fuente del constante gozo del creyente? Explique.

- Lea el Salmo 32:3-4. ¿Cómo le afectó al rey David el pe-

cado sin confesar? Observe los versículos 5 y 11. ¿Qué
experimentó David una vez que hubo confesado su
pecado? ¿Qué área pecaminosa puede estar creando
interferencia en su gozo en el Señor? Dedique unos po-
cos minutos a escudriñar su corazón, confesar su pecado y recibir el perdón de Dios.

- ¿Qué perspectiva sobre el sufrimiento encuentra en 1
  Pedro 1:6-8? ¿Qué motivo para el gozo se da allí?

- ¿Cuándo le resulta más difícil experimentar gozo en el
  Señor? ¿Cómo afectan las circunstancias a su gozo?
  ¿Qué sacrificio de alabanza podría ofrecer incluso cuan-
  do las circunstancias le agobian?

Mi respuesta

- ¿Qué mensaje tiene Dios para usted en el estudio de la
  vida de Ana y las circunstancias que podían interferir
  su gozo? ¿Qué puede hacer para seguir su ejemplo en
  cuanto a los puntos siguientes? Sea específica.

  Resistir con calma su dolor

  Rechazar cualquier pensamiento de venganza

  Buscar a Dios mediante la oración

  Ofrecer el sacrificio de alabanza para que Dios pueda
  tocarle con su gozo

Capítulo 4 – Experimentar la paz de Dios

La verdad de Dios

- Paz personal. ¿Qué instrucciones para la paz le ofrece Dios en Filipenses 4:6a y Juan 14:1a? ¿Cómo le animan a descansar en la paz de Dios las verdades detalladas en Romanos 8:28 y 1 Corintios 10:13?

- ¿Qué indicios de cómo conocer la paz de Dios encuentra en la historia sobre María y Marta (Lc. 10:38-42)? ¿Cómo pueden los versículos que acaba de observar ayudarla a experimentar la paz de Dios dentro de esa situación?

- Paz en las relaciones. Lea Colosenses 3:12-15. ¿Qué aspecto de su vida debería inundar la paz de Dios? Según Romanos 14:19; Hebreos 12:14; y 1 Pedro 3:11b, ¿cómo ocurre dicha paz? ¿Cuál es su responsabilidad personal en cuanto a asegurar que encuentra paz en sus relaciones?

Mi respuesta

- Paz personal. ¿Qué preocupaciones en su vida tienden a causarle ansiedad y a robarle la paz? De manera más específica, ¿qué situación actual le tienta a preocuparse?

- ¿Qué sacrificio de confianza realizará? ¿En qué características del carácter de Dios se concentrará?

- Paz en las relaciones. ¿Qué mensaje tiene Dios para usted en Mateo 5:23-24? ¿Qué pasos tomará para arreglar todas sus relaciones? Sea específica en cuanto al qué y al cuándo.

Capítulo 5 – Observar las actitudes de santidad de Jesús

La verdad de Dios

- ¿Qué sabemos sobre el propósito de la vida y muerte de Jesús? Observe, por ejemplo, Mateo 20:28.

- Lea Mateo 26:36-46. ¿Quién fue testigo de la agonía de Jesús en el huerto? Según Lucas 22:45, ¿cómo afrontaron los discípulos su propio dolor? ¿Qué es lo que deberían haber hecho?

- ¿Qué indican Lucas 22:44 y Hebreos 5:7 sobre la intensidad de la lucha interna de Jesús en Getsemaní? Según Mateo 26:39, ¿cuál fue el factor determinante en todo lo que hizo y sufrió Jesús?

- ¿Qué actitud espiritual mostró Jesús mientras afrontaba la cruz? Observe en Hebreos 12:2.

- ¿De qué manera las palabras de Jesús en Mateo 26:46 que Él conocía la paz de Dios?

Mi respuesta
- ¿Cómo se hace cargo normalmente de las situaciones difíciles?

- ¿Qué puede hacer en tales momentos para ser llenada del amor de Dios?

- ¿Qué puede hacer en situaciones difíciles para ofrecer el sacrificio de alabanza? Hable específicamente de un reto que afronta actualmente.

- En la situación a la que acaba de referirse, ¿qué hará para recibir y experimentar la paz de Dios?

- ¿Qué hizo Jesús mientras afrontaba el reto abrumador de la cruz? ¿Qué hará usted para convertirlo en un hábito en su vida?

Capítulo 6 – Resistir con paciencia

La verdad de Dios
- La palabra griega equivalente a «paciente» se ha traducido al menos de tres maneras. Use un diccionario para definir cada término.

Sufrido

Paciente

Tolerante

- ¿Quién en la Biblia le ofrece el mejor ejemplo de estas características de la paciencia? ¿Cómo le anima esa persona?

- Lea 1 Pedro 2:18-23. ¿Cuándo encuentra la paciencia favor ante Dios? ¿Qué cuatro conductas naturales no mostró Jesús mientras sufría injustamente? En su lugar, ¿cuál fue la actitud que adoptó Jesús en cuanto al sufrimiento?

- ¿Qué situación actual requiere que tenga paciencia?

Mi respuesta

- ¿Qué persona o situación en su vida le causa el mayor pesar?

- ¿Qué definición de los tres sinónimos enumerados anteriormente –sufrido, paciente, tolerante– tiene mayor significado para usted en cuanto a esa persona o circunstancia?

- Considere el ejemplo de Jesús (1 P. 18:23). ¿Qué actitudes y conductas piensa que Jesús desea de usted durante el sufrimiento? ¿Cómo puedes logra estas actitudes y conductas?

Al hacer:

Al no hacer:

Capítulo 7 – Planificar para la benignidad

La verdad de Dios

* Lea las siguientes referencias a la benignidad de Dios. Lucas 6:35: ¿A quién extiende Dios su benignidad? Romanos 2:4: ¿Cuál es la intención de la bondad de Dios? Romanos 11:22: ¿Qué es lo opuesto a la bondad de Dios? Efesios 2:7 y Tito 3:4-5: ¿Cuál es el resultado de la mansedumbre y la benignidad de Dios hacia usted?

* Según 2 Corintios 6:6 y 2 Timoteo 2:24, ¿qué cualidades deberían caracterizar al pueblo de Dios?

* ¿Qué mandamientos da Dios a los creyentes en Efesios 4:32 y Colosenses 3:12?

* Lea 1 Corintios 13:4. ¿Qué indica el no ser manso?

Mi respuesta

* ¿Quién le tienta a no ser amable? ¿Qué encuentros con la gente representan un reto especial para sus esfuerzos de ser amable?

- Elija a una persona en particular que tienda a despertar en usted lo opuesto a la benignidad. Sobre la base de la consideración con que termina el capítulo, diseñe un plan de acción específico que la ayude a mostrar el fruto de la benignidad en su trato con esa persona.

Capítulo 8 – Dar con bondad

La verdad de Dios

- Según Mateo 5:45, ¿cuáles son algunas formas en que Dios practica la bondad y quién se beneficia de ellas?

- ¿Qué mandamientos para los cristianos halla en Gálatas 6:9-10 y quién se ha de beneficiar de ellos?

- ¿Qué dicen los versículos siguientes acerca de la bondad? Anote las palabras dirigidas específicamente a las mujeres.

  Lucas 6:27

  Efesios 2:10

  1 Timoteo 2:9-10

  1 Timoteo 5:1

  Tito 2:5

¿Qué dice Dios en los pasajes anteriores?

- ¿Por qué necesita la ayuda del Espíritu Santo para realizar buenas obras? Observe Romanos 7:18-19.

Mi respuesta

- Lea la parábola de los talentos en Mateo 25:14-26. ¿Cómo describe el dueño de los talentos a los siervos que le obtuvieron ganancias? ¿Cómo describe al siervo que no hizo nada con su dinero? ¿Qué relación existe entre la maldad y la pereza? ¿Entre la bondad y la fidelidad?

- ¿Por qué a menudo no hace lo que es bueno y beneficioso para los demás?

- ¿De qué forma le anima el saber que la práctica de la bondad es un fruto del Espíritu?

Capítulo 9 – Observar las acciones de gracia de Jesús

La verdad de Dios

- En Mateo 26:47-68, ¿quién era la persona o grupo de personas que afrontaba Jesús? Enumere los distintos tipos de tratamiento que recibió Jesús por parte de ellos.

- Lea Mateo 27:27-44. Añada a su lista las personas poco amables en la vida de Jesús y el trato desagradable que recibió por parte de ellos.

- ¿Se merecía Jesús el trato que recibió? ¿Era culpable o inocente? Explique por qué usted respondió de la forma en que lo hizo.

- ¿Qué podría haber hecho Jesús para defenderse? ¿Qué es lo que hizo en vez de eso?

- ¿Qué aprendió de la forma en que Jesús trató al hombre que Pedro le cortó la oreja (Lc. 22:51)?

Mi respuesta

- ¿Cómo responde generalmente a las personas que le causan dolor?

- ¿Qué puede hacer para resistir con paciencia?

- ¿Qué pasos tomará para planificar para la benignidad?

- ¿Qué hará para dar con bondad?

Capítulo 10 – Seguir adelante con fidelidad

La verdad de Dios
- Defina «fidelidad» con sus propias palabras.

- ¿Qué muestran los siguientes versículos sobre la fidelidad?

  Lamentaciones 3:22-23

  Romanos 3:3

  Apocalipsis 19:11

  Apocalipsis 21:5; 22:6

- En 1 Corintios 4:2 y 1 Timoteo 3:11, ¿a quién llama Dios a ser fiel? ¿Por qué piensa que Dios necesitaba hacerles un llamamiento a estas personas a la fidelidad?

- ¿En qué circunstancias necesita de forma especial escuchar el llamamiento de Dios en cuanto a la fidelidad?

Mi respuesta
- Haga un repaso mental de la semana. Enumere cualquier ocasión en el hogar, en sus relaciones personales o en su ministerio en que no fue fiel, en que se mostró indigna de la confianza depositada en usted, o en que no cumplió con sus compromisos o responsabilidades.

- ¿Qué es lo que generalmente le hace no ser fiel? ¿Qué evitó que fuera fiel en las situaciones que enumeró anteriormente?

- ¿En qué la alerta su falta de fidelidad con respecto a su andar espiritual?

Capítulo 11 – Crecer fuertes mediante la mansedumbre

La verdad de Dios

- ¿Cómo se describe Jesús a sí mismo en Mateo 11:29? ¿Qué invitación hace en ese pasaje a sus seguidores? ¿Qué efecto provoca en su vida la aceptación o el rechazo de esta invitación?

- ¿Qué dijo Jesús en Mateo 5:5 sobre quienes son mansos? ¿Qué piensa que quiere decir con eso? Si no está segura, convierta esta pregunta en el centro de atención de algún tiempo de estudio.

- Según 1 Pedro 3:4, ¿que opinión tiene Dios sobre el espíritu manso?

- ¿Qué nos manda Dios en los siguientes versículos?

Gálatas 6:1

Efesios 4:2

Colosenses 3:12

1 Timoteo 6:11

2 Timoteo 2:24-25

Tito 3:1-2

- ¿Por qué es la mansedumbre tan importante para Dios?

Mi respuesta

- La mansedumbre es el sometimiento a la voluntad de Dios. Sobre la base de esta definición, échele un vistazo a su vida. ¿En qué áreas de su vida, si las hay, se está resistiendo a la voluntad de Dios?

- ¿Qué pensamientos podrían ayudarle a cultivar la mansedumbre en su vida?

- ¿Qué acciones se asemejarían a la mansedumbre?

- Bosqueje un plan para crecer en la mansedumbre semejante a la de Cristo.

Capítulo 12 – Vencer la batalla de la templanza

La verdad de Dios

- Lea 1 Corintios 9:24-27. ¿Qué describe aquí Pablo? ¿Qué se debe hacer para competir en los juegos deportivos (v. 25*a*)? Según Pablo, ¿cuál es el verdadero oponente? ¿Qué hace Pablo para controlar a su oponente? ¿Qué enseña este pasaje sobre la templanza?

- Ahora lea 1 Corintios 7:1-9. ¿Qué área de la vida aborda aquí Pablo? ¿Qué enseña este pasaje sobre la templanza?

- Según 1 Juan 2:16, ¿cuáles son las tres áreas en que somos especialmente vulnerables a la tentación? ¿Cuál es la fuente de tentación en estas tres áreas? ¿Qué fuente de fortaleza para permanecer firmes contra estas tentaciones señala aquí Juan?

Mi respuesta

- ¿Qué dos áreas de la vida requieren que ejercite la templanza?

- ¿Qué le dicen las siguientes pautas de la Palabra de Dios en cuanto a estas áreas de tentación que acaba de señalar?

  Proverbios 4:14-15

  Proverbios 4:23

Mateo 26:41

1 Corintios 10:31

Colosenses 3:16*a*

- ¿Qué ideas de «Nutrir la templanza» pondrá en práctica hoy mismo?

Capítulo 13 – Observar cómo Jesús aplica la gracia

La verdad de Dios

- Lea 1 Pedro 2:22-23. ¿Qué le dice aquí Pedro acerca de Jesús? ¿Era culpable de algún pecado?

- ¿Qué nos dice Hebreos 4:15 con respecto a Jesús? ¿Cómo cree que obtuvo su victoria sobre la tentación? Explique de qué modo su victoria sobre el pecado testifica de la presencia de la fidelidad, la mansedumbre y la templanza en la vida de Jesús.

- Ahora lea 1 Pedro 2:19-20. ¿Qué dos tipos de sufrimiento se contrastan en el versículo 20? ¿Qué tipo de sufrimiento halla favor con Dios? ¿Cuál es la razón correcta para que sufra? ¿Qué tiene que ver el sufrir con el fruto de la templanza?

Mi respuesta

- Evalúe la manifestación en su vida de los siguientes frutos. Dé uno o dos ejemplos de cuándo has visto los dones de gracia del Espíritu en su vida y enumere las áreas que lo alientan de modo especial.

Fidelidad

Mansedumbre

Templanza

- ¿Qué dice Isaías 53:7 sobre Jesús? ¿Qué le enseña el ejemplo de Jesús aquí?

- ¿Qué paso específico puede tomar para poner en práctica la gracia de Dios y llegar hasta el final con fidelidad?

- ¿Qué paso específico puede tomar para poner en práctica la gracia de Dios y crecer fuerte en mansedumbre?

- ¿Qué paso específico puede tomar para poner en práctica la gracia de Dios y vencer la batalla de la templanza?

Epílogo

- Me siento privilegiada de conocer a Sam Britten, un hombre santo que muestra amor, gozo, paz, paciencia, benignidad, bondad, fidelidad, mansedumbre y templanza. ¿Quién en su vida materializa al fruto del jardín de la gracia de Dios? Dé ejemplos específicos de la vida de esa persona, y dé gracias a Dios por el ejemplo de él o ella.

- Al concluir nuestro estudio del fruto del Espíritu, observe lo que se destaca de su lectura, estudio bíblico y oración.

El mandamiento bíblico más alentador:

La verdad más alentadora de la Biblia:

La imagen verbal más memorable:

El personaje bíblico más vívido:

El discernimiento nuevo más significativo acerca de Jesús:

El discernimiento más importante con respecto a mí misma:

- Para finalizar, dé gracias a Dios por las lecciones que Él le ha enseñado y pídale que la ayude a alimentar las semillas que Él plantó al rendirse a la obra del Espíritu Santo para que el mismo Espíritu continúe dándole amor, gozo, paz, paciencia, benignidad, bondad, fidelidad, mansedumbre y templanza en plenitud.

Notas

Capítulo 1—Preparación para un crecimiento mayor

1. Merrill E. Unger, *Manual bíblico de Unger* (Grand Rapids: Ed. Portavoz, 1985), p. 382.

2. Alfred Martin, *John, Life Through Believing* (Chicago: Moody Bible Institute, 1981), p. 92.

3. Everett E Harrison, *Juan: El evangelio de fe* (Grand Rapids: Ed. Portavoz, 1995) p. 79.

4. William Barclay, *The Gospel of John, Vol. 2*, rev. ed. (Filadelfia: The Westminster Press, 1975), p. 176.

5. Everett F. Harrison, *Juan: El evangelio de fe*, p. 80.

6. *Ibíd*, p. 80.

7. H. D. M. Spence and Joseph S. Exell, eds., *The Pulpit Commentary, Vol. 17* (Grand Rapids: William B. Eerdmans Publishing Company, 1978), p. 295.

8. Albert M. Wells, Jr., ed., *Inspiring Quotations Contemporary and Classical* (Nashville: Thomas Nelson Publishers, 1988), p. 158.

9. John MacArthur, Jr., *Liberty in Christ* (Panorama City, CA: Word of Grace Communications, 1986), p. 92.

10. Phill McHugh and Greg Nelson, «Much Too High a Price.» Copyright 1985 River Oaks Music Company/Careers-BMG Music Publishing/Greg Nelson Music. River Oaks Music Company Admin. by EMI Christian Music Publishing. All rights reserved. Reprinted by permission.

11. Henry Varley, *Moody*, June 1976, p. 97.

Capítulo 2—Buscar amor en Dios

1. William Barclay, *The Letters to the Galatians and Ephesians, rev. ed.* (Filadelfia: The Westminster Press, 1976), p. 50.
2. H. D. M. Spence and Joseph S. hell, eds., *The Pulpit Commentary, Vol. 20* (Grand Rapids: William B. Eerdmans Publishing Company, 1978), p. 293.
3. George Sweering, *Love Is the Greatest* (Chicago: Moody Press, 1975), p. 20.
4. Edith Schaeffer, *What Is a Family?* (Old Tappan, NJ: Fleming H. Revell Company, 1975), p. 91.
5. Jerry Bridges, *The Practice of Godliness* (Colorado Springs: NavPress, 1987), p. 246.
6. William Barclay, *The Letters to the Galatians and Ephesians, rev. ed.*, p. 50.
7. Mrs. Charles E Cowman, *Manantiales en el desierto, tomo 1, ed. rev.* (El Paso: Editorial Mundo Hispano, 1992), p. 97.
8. *The Amplified Bible* (Grand Rapids: Zondervan Publishing House, 1970), p. 302.
9. John MacArthur Jr., *Liberty in Christ* , p. 88.

Capítulo 3—Ofrecer el sacrificio del gozo

1. John MacArthur, Jr., *Liberty in Christ* (Chicago: Moody Press, 1986), p. 90.
2. William Barclay, *The Letters to the Galatians and Ephesians, rev. ed.* (Filadelfia: The Westminster Press, 1976), p. 50.
3. William Barclay, *The Letters of James and Peter, rev. ed.* (Filadelfia: The Westminster Press, 1976), p. 178.
4. H. D. M. Spence and Joseph S. hell, eds., *The Pulpit Commentary, Vol. 22* (Grand Rapids: William B. Eerdmans Publishing Company, 1978), p. 6.
5. W. H. Griffith Thomas, *The Apostle Peter* (Grand Rapids: Kregel Publications, 1984), p. 162.
6. John MacArthur, Jr., *The MacArthur New Testament Commentary, Galatians* (Chicago: Moody Press, 1987), p. 166.
7. A. A. Anderson, New *Century Bible Commentary, The Book of Psalms, Vol. 1* (Grand Rapids: William B. Eerdmans Publishing Company, 1972), p. 336.
8. Herbert Lockyer, *All the Promises of the Bible* (Grand Rapids: Zondervan Publishing House, 1962), p. 10.

9. Margaret Clarkson, *Grace Grows Best in Winter* (Grand Rapids: William B. Eerdmans Publishing Company, 1984), p. 21. Quoting from St. Paul by Frederick W. H. Myers, 1843-1901.

10. Charles Ray, *Mrs. C. H. Spurgeon* (Pasadena, TX: Pilgrim Publications, 1979), pp. 82-83.

11. *Life Application Bible* (Wheaton, IL: Tyndale House Publishers, Inc. and Youth for Christ/USA, 1988), p. 402.

12. John MacArthur, Jr., *The MacArthur New Testament Commentary, Galatians*, p. 166.

13. Jerry Bridges, *The Practice of Godliness* (Colorado Springs: Navpress, 1983), p. 134.

Capítulo 4—Experimentar la paz de Dios

1. Kenneth S. Wuest, *Wuest´s Word Studies in the Greek New Testament, Vol. 1* (Grand Rapids: William B. Eerdmans Publishing Company, 1973), p. 160.

2. William Barclay, *The Letters to the Galatians and Ephesians, rev. ed.* (Filadelfia: The Westminster Press, 1976), p. 50.

3. Howard F Vos, *Gálatas: Una llamada a la libertad cristiana* (Grand Rapids: Ed. Portavoz, 1981), p.101.

4. Everett R. Harrison, ed., *Comentario Bíblico Moody: Nuevo Testamento* (Grand Rapids: Ed. Portavoz, 1965), p. 350.

5. H. D. M. Spence and Joseph S. Exell, eds., *The Pulpit Commentary, Vol. 20* (Grand Rapids: William B. Eerdmans Publishing Company, 1978), p. 262.

6. Albert M. Wells, Jr., ed., *Inspiring Quotations Contemporary & Classical* (Nashville: Thomas Nelson Publishers, 1988), p. 152.

7. *Life Application Bible* (Wheaton, IL: Tyndale House Publishers, Inc., and Youth for Christ, 1988), p. 1011.

8. Curtis Vaughan, ed., *The New Testament from 26 Translations* (Grand Rapids: Zondervan Publishing House, 1967), p. 265.

9. Curtis Vaughan, ed., *The New Testament from 26 Translations*, p. 265.

10. The shorter catechism of the Presbyterian *Book of Confessions*.

11. Gien Karssen, *Su nombre es mujer* (Terrassa, España: CLIE, 1976), p. 199.

Capítulo 5—Observar las actitudes de santidad de Jesús

1. John MacArthur, Jr., *The MacArthur New Testament*

Commentary, Matthew 24-28 (Chicago: Moody Press, 1989), p. 167.

2. *Ibíd*, p. 166.
3. William Hendriksen, *New Testament Commentary, Matthew* (Grand Rapids: Baker Book House, 1973), p. 916.
4. *Ibíd*, p. 917.
5. Mrs. Charles E Cowman, *Manantiales en el desierto, tomo 1, ed. rev.* (El Paso: Editorial Mundo Hispano, 1992), p. 104.

Capítulo 6—Resistir con paciencia

1. Howard F Vos, *Gálatas: Una llamada a la libertad cristiana* (Grand Rapids: Ed. Portavoz, 1981), p. 101.
2. Kenneth S. Wuest, *Wuest's Word Studies in the Greek New Testament* (Grand Rapids: William B. Eerdmans Publishing Company, 1973), p. 160.
3. Everett R. Harrison, ed., *Comentario Bíblico Moody: Nuevo Testamento* (Grand Rapids: Ed. Portavoz, 1965), p. 350.
4. John MacArthur, Jr., *Liberty in Christ* (Chicago: Moody Press, 1986), p. 92.
5. Everett R. Harrison, ed., *Comentario Bíblico Moody: Nuevo Testamento* (Grand Rapids: Ed. Portavoz, 1965), p. 350.
6. William Barclay, *The Letters to the Galatians and Ephesians, rev. ed.* (Filadelfia: The Westminster Press, 1976), p. 50.
7. Alan Cole, *The Epistle of Paul to the Galatians, Tyndale New Testament Commentaries* (Grand Rapids: William B. Eerdmans Publishing Company, 1965), p. 167.
8. John MacArthur, Jr., *The MacArthur New Testament Commentary, Galatians* (Chicago: Moody Press, 1987), p. 167.
9. Howard F. Vos, *Gálatas: Una llamada a la libertad cristiana*, (Grand Rapids: Ed. Portavoz, 1982) pp. 101-102.
10. Kenneth S. Wuest, Wuest's Word Studies in the Greek New Testament, p. 160.
11. Merrill E. Unger, *Manual bíblico de Unger* (Grand Rapids: Ed. Portavoz, 1985), p. 829.
12. George Sweeting, Love Is the Greatest (Chicago: Moody Press, 1974), p. 53.
13. John MacArthur, Jr., *Liberty in Christ*, p. 92.
14. H. D. M. Spence and Joseph S. Exell, eds., *The Pulpit Commentary, Vol. 20* (Grand Rapids: William B. Eerdmans Publishing Company, 1978), p. 287.

15. William Barclay, *The Letters to the Galatians and Ephesians, rev. ed.*, p. 51.

16. Kenneth S. Wuest, *Wuest's Word Studies in the Greek New Testament*, p. 160.

17. Everett R. Harrison, ed., *Comentario Bíblico Moody: Nuevo Testamento* (Grand Rapids: Ed. Portavoz, 1965), p. 350.

18. William Barclay, *The Letters to the Galatians and Ephesians, rev. ed.*, p. 51.

19. D. L. Moody, *Notes from My Bible and Thoughts from My Library* (Grand Rapids: Baker Book House, 1979), p. 323.

20. William J. Peterson, *Martin Luther Had a Wife* (Wheaton, IL: Living Books, Tyndale House Publishers, Inc., 1983), p. 42.

21. *Ibíd*, p. 62.

22. H. D. M. Spence and Joseph S. Exell, eds., *The Pulpit Commentary, Vol. 20*, p. 294.

23. William Hendriksen, *The New Testament Commentary, Colossians and Philemon* (Grand Rapids: Baker Book House, 1964), p. 155.

24. Herbert Lockyer, *The Women of the Bible* (Grand Rapids: Zondervan Publishing House, 1967), p. 158.

25. *Ibíd*, p. 158.

26. Charles C. Ryrie, *Biblia de Estudio Ryrie* (Grand Rapids: Editorial Portavoz, 1991), p. 414.

Capítulo 7—Planificar para la benignidad

1. William Barclay, *The Letters to the Galatians and Ephesians, rev. ed.* (Filadelfia: The Westminster Press, 1976), p. 154.

2. *Ibíd*, p. 158.

3. Ruth A. Tucker, *From Jerusalem to Irian Jaya* (Grand Rapids: Zondervan Publishing House, Academie Books, 1983), p. 27.

4. John M. Drescher, *Spirit Fruit* (Scottdale, PA: Herald Press, 1974), p. 203.

5. John MacArthur, Jr., *Liberty in Christ* (Chicago: Moody Press, 1986), p. 93.

6. John MacArthur, Jr., *The MacArthur New Testament Commentary, Galatians* (Chicago: Moody Press, 1987), p. 168.

7. William Barclay, *The Letters to the Philippians, Colossians, and Philemon, rev. ed.* (Filadelfia: The Westminster Press, 1975), p. 157.

8. H. D. M. Spence and Joseph S. Exell, eds., *The Pulpit Commentary, Vol. 20* (Grand Rapids: William B. Eerdmans Publishing Company, 1978), p. 262.

9. John MacArthur, Jr., *The MacArthur New Testament Commentary, Colossians and Philemon* (Chicago: Moody Press, 1992), p. 155.

10. William Hendriksen, *New Testament Commentary, Matthew* (Grand Rapids: Baker Book House, 1973), p. 505.

11. John M. Drescher, *Spirit Fruit*, p. 221-22.

12. *Ibíd*, p. 210.

13. *Ibíd*, p. 206.

14. Anne Ortlund, *Disciplines of the Beautiful* Woman (Waco, TX: Word, Incorporated, 1977), pp. 96,98.

15. Alan Cole, *The Epistle of Paul to the Galatians, Tyndale New Testament Commentaries* (Grand Rapids: William B. Eerdmans Publishing Company, 1965), p. 167.

16. C. Norman Bartlett, *The Gospel in Galatians* (Chicago: The Moody Bible Institute, 1964), p. 134.

Capítulo 8—Dar con bondad

1. John W. Cowart, *People Whose Faith Got Them into Trouble* (Downers Grove, IL: Intervarsity Press, 1990).

2. *Ibíd*, pp. 13-14.

3. Merrill E. Unger, *Manual bíblico de Unger* (Grand Rapids: Ed. Portavoz, 1985), p. 420.

4. Everett R. Harrison, ed., *Comentario Bíblico Moody: Nuevo Testamento* (Grand Rapids: Ed. Portavoz, 1965), p. 350.

5. Merrill E. Unger, *Manual bíblico de Unger* , p. 420.

6. H. D. M. Spence and Joseph S. Exell, eds., *The Pulpit Commentary, Vol. 20* (Grand Rapids: William B. Eerdmans Publishing Company, 1978), p. 262.

7. W. E. Vine, *An Expository Dictionary of New Testament Words* (Old Tappan, NJ: Fleming H. Revell Company, 1966), p. 165.

8. John MacArthur, Jr., *The MacArthur New Testament Commentary, Galatians* (Chicago: Moody Press, 1987), p. 168.

9. H. D. M. Spence and Joseph S. Exell, eds., *The Pulpit Commentary, Vol. 20*, p. 262.

10. Kenneth S. Wuest, *Word Studies in the Greek New Testament, Vol. 1* (Grand Rapids: William B. Eerdmans Publishing Company, 1974), p. 160.

11. Howard F Vos, *Gálatas: Una llamada a la libertad cristiana* (Grand Rapids: Ed. Portavoz, 1981), p.102.

12. Stuart Briscoe, *The Fruit of the Spirit* (Wheaton, IL: Harold Shaw Publishers, rev. ed., 1993), p. 105.

13. Charles Ryrie, *Biblia de Estudio Ryrie* (Grand Rapids: Ed. Portavoz, 1991), p. 1661.

14. Charles R. Swindoll, *Come Before Winter* (Portland, OR: Multnomah Press, 1985), p. 196.

15. William Barclay, *The Letters to the Corinthians, rev. ed.* (Filadelfia: The Westminster Press, 1975), p. 120.

16. William Hendriksen, *Exposition of the Pastoral Epistles, New Testament Commentary* (Grand Rapids: Baker Book House, 1976), p. 365.

17. *Ibíd*, p. 188.

18. D. Edmond Hiebert, *Primera y Segunda Timoteo* (Grand Rapids: Ed. Portavoz, 1988), pp. 60-61.

19. William Hendriksen, *Exposition of the Pastoral Epistles, New Testament Commentary*, p. 107.

20. Donald Guthrie, *The Pastoral Epistles, Tyndale New Testament Commentaries* (Grand Rapids: William B. Eerdmans Publishing Company, 1976), p. 75.

21. Charles C. Ryrie, *Biblia de Estudio Ryrie* (Grand Rapids: Ed. Portavoz, 1991), p. 55.

22. William Hendriksen, *Exposition of the Gospel According to Luke, New Testament Commentary* (Grand Rapids: Baker Book House, 1978), p. 558.

23. Oswald Chambers, *Studies in the Sermon on the Mount* (Fort Washington, PA: Christian Literature Crusade, 1960), p. 53.

24. Albert M. Wells, Jr., ed., *Inspiring Quotations Contemporary & Classical* (Nashville: Thomas Nelson Publishers, 1988), p. 82.

25. Neil S. Wilson, ed., *The Handbook of Bible Application* (Wheaton, IL: Tyndale House Publishers, Inc., 1992), p. 369.

26. Dan Baumann, *Extraordinary Living for Ordinary People* (Irvine, CA: Harvest House Publishers, 1978), pp. 83-84.

27. Jerry Bridges, *The Practice of Godliness* (Colorado Springs: NayPress, 1987), p. 231.

Capítulo 9—Observar las acciones de gracia de Jesús

1. James Stalker, *La vida de Jesucristo* (Miami: Editorial Caribe, s.f.), p. 251.

2. *Ibíd*, p. 121.
3. John MacArthur, Jr., *The MacArthur New Testament Commentary, Matthew 24–28* (Chicago: Moody Press, 1989), p. 194.
4. *Ibíd*, p. 183.
5. James Stalker, *The Trial and Death of Jesus Christ* (Grand Rapids: Zondervan Publishing House, 1972), p. 13.
6. William Hendriksen, *Exposition of the Gospel According to Luke, New Testament Commentary* (Grand Rapids: Baker Book House, 1978), p. 989.

Capítulo 10— Seguir adelante con fidelidad

1. Albert M. Wells, Jr., ed., *Inspiring Quotations Contemporary & Classical* (Nashville: Thomas Nelson Publishers, 1988), p. 69.
2. H. D. M. Spence and Joseph S. Exell, eds., The Pulpit Commentary, Vol. 20 (Grand Rapids, MI: William B. Eerdmans Publishing Company, 1978), p. 287.
3. John MacArthur, Jr., *The MacArthur New Testament Commentary*, Galatians (Chicago: Moody Press, 1987), p. 169.
4. John MacArthur, Jr., *Liberty in Christ* (Chicago: Moody Press, 1986), p. 95.
5. William Barclay, *The Letters to the Galatians and Ephesians, rev. ed.* (Filadelfia: The Westminster Press, 1976), p. 51.
6. Howard F Vos, *Gálatas: Una llamada a la libertad cristiana* (Grand Rapids: Ed. Portavoz, 1981), p.102.
7. Alan Cole, *The Epistle of Paul to the Galatians, Tyndale New Testament Commentaries* (Grand Rapids: William B. Eerdmans Publishing Company, 1976), p. 168.
8. William Hendriksen, *Exposition of Galatians, New Testament Commentary* (Grand Rapids: Baker Book House, 1974), p. 225.
9. H. D. M. Spence and Joseph S. Exell, eds., *The Pulpit Commentary, Vol. 20* (Grand Rapids: William B. Eerdmans Publishing Company, 1978), p. 275.
10. Charles C. Ryrie, *Biblia de Estudio Ryrie* (Grand Rapids: Ed. Portavoz, 1991), p. 1656.
11. Richard Shelley Taylor, *The Disciplined Life* (Minneapolis, MN: Dimension Books, Bethany Fellowship, Inc., 1962), p. 37.
12. *World Shapers*, compiled by Vanita Hampton and Carol Plueddemann (Wheaton, IL: Harold Shaw Publishers, 1991), p. 17.

13. Edith Schaeffer, *Common Sense Christian Living* (Nashville: Thomas Nelson Publishers, 1983).

14. *Ibíd*, pp. 88-89.

15. Herbert Lockyer, *The Women of the Bible* (Grand Rapids: Zondervan Publishing House, 1967), p. 101.

16. *Ibíd*, p. 101.

17. Richard C. Halverson, «Perspective» newsletter, 26 de octubre de 1977.

Capítulo 11— Crecer fuertes mediante la mansedumbre

1. John B MacArthur, Jr., *Liberty in Christ* (Chicago: Moody Press, 1986), p. 95.

2. William Barclay, *The Letters to the Galatians and Ephesians, rev. ed.* (Filadelfia: The Westminster Press, 1976), p. 52.

3. Howard F Vos, *Gálatas: Una llamada a la libertad cristiana* (Grand Rapids: Ed. Portavoz, 1981), p.102.

4. H. D. M. Spence and Joseph S. Exell, eds., *The Pulpit Commentary, Vol. 20* (Grand Rapids: William B. Eerdmans Publishing Company, 1978), p. 262.

5. William Hendriksen, Exposition of the Gospel According to Matthew, New Testament Commentary (Grand Rapids, MI: Baker Book House, 1975), pp. 271-72.

6. William Barclay, *The Letters to the Galatians and Ephesians, rev. ed.*, p. 52.

7. *Webster's New Dictionary of Synonyms* (Springfield, MA: G. & C. Merriam Company, Publishers, 1973), p. 812.

8. Albert M. Wells, Jr., ed., *Inspiring Quotations Contemporary and Classical* (Nashville: Thomas Nelson Publishers, 1988), p. 91.

9. William Hendriksen, *Exposition of the Gospel According to Matthew*, p. 765.

10. Merrill E. Unger, *Manual bíblico de Unger* (Grand Rapids: Ed. Portavoz, 1985), p. 709.

11. Kenneth S. Wuest, *Wuest's Word Studies from the Greek New Testament, Vol. 2* (Grand Rapids: William B. Eerdmans Publishing Company, 1974), p. 78.

12. Alan M. Stibbs, *The First Epistle General of Peter, The Tyndale New Testament Commentaries* (Grand Rapids: William B. Eerdmans Publishing Company, 1976), p. 125.

13. Robert Jamieson, A. R. Fausset y David Brown, *Comentario*

exegético y explicativo de la Biblia, tomo 2 (El Paso: Casa Bautista de Publicaciones, 1959), p. 462.

14. Kenneth S. Wuest, *Wuest's Word Studies from the Greek New Testament*, Vol. 2, p. 81.

15. Albert M. Wells, Jr., ed., *Inspiring Quotations Contemporary & Classical*, p. 92.

16. W. E. Vine, *An Expository Dictionary of New Testament Words* (Old Tappan, NJ: Fleming H. Revell Company, 1966), pp. 55-56.

17. *Ibíd*, p. 56.

18. Derek Kidner, *The Proverbs* (London: InterVarsity Press, 1973), p. 63.

19. Derek Kidner, *Psalms 1–72* (Downers Grove, IL: InterVarsity Press, 1973), p. 176.

20. Charles C. Ryrie, *Biblia de Estudio Ryrie* (Grand Rapids: Ed. Portavoz, 1991), p. 811.

21. Gien Karssen, *Su nombre es mujer* (Terrassa, España, CLIE, 1970), p. 165.

22. J. Vernon McGee, *Luke* (Pasadena, CA: Thru the Bible Books, 1986), p. 24.

23. Herbert Lockyer, *The Women of the Bible* (Grand Rapids: Zondervan Publishing House, 1975), p. 105.

24. William Hendriksen, *Exposition of the Gospel According to John* (Grand Rapids: Baker Book House, 1975), p. 178.

25. Gien Karssen, *Su nombre es mujer*, pp. 210-11.

26. Gene A. Getz, Moses, *Moments of Glory... Feet of Clay* (Glendale, CA: Regal Books, 1976), p. 138.

27. *Ibíd*, pp. 139-40.

28. Don Baker, *Pain's Hidden Purpose* (Portland, OR: Multnomah Press, 1984), pp. 86- 89.

Capítulo 12— Vencer la batalla de la templanza

1. J. Oswald Sanders, *Liderazgo espiritual, rev. ed.* (Grand Rapids: Ed. Portavoz, 1980), pp. 71-72.

2. Robert Jamieson, A. R. Fausset y David Brown, *Comentario exegético y explicativo de la Biblia, tomo 2* (El Paso, TX: Casa Bautista de Publicaciones, 1959), p. 1275.

3. William Barclay, *The Letters to the Galatians and Ephesians, rev. ed.* (Filadelfia: The Westminster Press, 1976), p. 52.

4. W. H. Vine, *An Expository Dictionary of New Testament Words* (Old Tappan, NJ: Fleming H. Revell Company, 1966), p. 114.

5. Everett F. Harrison, *Comentario Bíblico Moody* (Grand Rapids: Ed. Portavoz, 1965), p. 350.

6. John MacArthur, Jr., *Liberty in Christ* (Chicago: Moody Press, 1986), p. 96.

7. H. D. M. Spence and Joseph S. Exell, eds., *The Pulpit Commentary, Vol. 20* (Grand Rapids, MI: William B. Eerdmans Publishing Company, 1978), p. 287.

8. Kenneth S. Wuest, *Wuest's Word Studies from the Greek New Testament* (Grand Rapids: William B. Eerdmans Publishing Company, 1974), p. 160.

9. Archibald Thomas Robertson, *Imágenes verbales del Nuevo Testamento, tomo 4* (Terrassa: CLIE, 1989), p. 420.

10. Bruce Wideman, «Presbyterian Journal», 30 de julio de 1975, p. 7.

11. Robert C. Gage, *Cultivating Spiritual Fruit* (Schaumburg, IL: Regular Baptist Press, 1986), p. 126.

12. Dan Baumann, *Extraordinary Living for Ordinary People* (Irving, CA: Harvest House Publishers, 1978), p. 123.

13. *Ibíd*, pp. 118-19.

14. John H. Timmerman, *The Way of Christian Living* (Grand Rapids, MI:William B. Eerdmans Publishing Company, 1987), p. 146.

15. Charles C. Ryrie, *Biblia de Estudio Ryrie* (Grand Rapids: Ed. Portavoz, 1991), p. 467.

16. *Life Application Bible* (Wheaton, IL: Tyndale House Publishers, Inc. and Youth for Christ, 1988), p. 475.

17. Albert M. Wells, Jr., *Inspiring Quotes Contemporary & Classical* (Nashville: Thomas Nelson Publishers, 1988), p. 58.

18. Jerry Bridges, *The Practice of Godliness* (Colorado Springs: NayPress, 1957), p. 164.

19. Elizabeth George, *Ama a Dios con toda tu mente* (Grand Rapids: Ed. Portavoz, 1996).

20. Jerry Bridges, *The Practice of Godliness*, quoting D. G. Kehl, p. 175.

21. John H. Timmerman, *The Way of Christian Living*, pp. 147-48.

22. Luis Palau, *Heart After God* (Portland, OR: Multnomah Press, 1978), p. 70.

Capítulo 13—Observar cómo Jesús aplica la gracia

1. Robert Jamieson, A. R. Fausset y David Brown, *Comentario exegético y explicativo de la Biblia* (El Paso, TX: Casa Bautista de Publicaciones, 1959), p. 701.
2. Alan M. Stibbs, *The First Epistle General of Peter, Tyndale New Testament Commentaries* (Grand Rapids: William B. Eerdmans Publishing Company, 1976), p. 118.
3. D. L. Moody, *Notes from My Bible and Thoughts from My Library* (Grand Rapids: Baker Book House, 1979), p. 362.
4. Kenneth S. Wuest, *Wuest's Word Studies from the Greek New Testament, Vol. II* (Grand Rapids: William B. Eerdmans Publishing Company), p. 67.
5. *Ibíd*, pp. 67-68.
6. *Ibíd*, pp. 67-68.
7. Alan M. Stibbs, *The First Epistle General of Peter, Tyndale New Testament Commentaries*, p. 118.
8. Kenneth S. Wuest, *Wuest's Word Studies from the Greek New Testament, Vol. II*, pp. 67-68.

Epílogo

1. John Blanchard, «The Most Amazing Statement in Scripture» (Panorama City, CA: Grace to You).